DIGITAL ESG
거스를 수 없는 시대적 요구

**HOW TO COOK
DIGITAL ESG**

DIGITAL ESG 거스를 수 없는 시대적 요구
HOW TO COOK DIGITAL ESG

초판 1쇄 발행 2022년 12월 16일

지은이 장혁수
펴낸곳 드림위드에스
출판등록 제2021-000017호

교정 황지원
편집 황지원
마케팅 더컬쳐앤

주소 서울특별시 강남구 압구정로14길 32-1, 102호(신사동)
이메일 dreamwithessmarketing@gmail.com
홈페이지 http://www.lsj컴퍼니.com/

ISBN 979-11-92338-35-4(03320)
값 13,000원

• 이 책의 판권은 지은이와 드림위드에스에 있습니다.
• 이 책 내용의 전부 또는 일부를 재사용하려면 반드시 양측의 서면 동의를 받아야 합니다.
• 잘못된 책은 구입하신 곳에서 바꾸어 드립니다.

생존과 지속가능경영 그리고 초격차를 위한 혁신

DIGITAL ESG
거스를 수 없는 시대적 요구

HOW TO COOK
DIGITAL ESG

장혁수 지음

이해관계자 요구와 ESG 이슈, 회사의 전략 간의 균형을
찾는 것이 필요하다!

- 왜 Digital ESG를 하여야 하는가?
- Digital ESG는 대체 무엇인가?
- Digital ESG는 어떻게 해야 하는가?

드림위드에스

프롤로그

이제부터는 ESG 성과를 보여 주어야 할 때

불과 15년 전, 지금의 ESG는 지속가능경영 혹은 CSR이라는 용어로 알려지기 시작하였다. 그 당시에는 국내 일부 대기업들이 사회공헌팀 혹은 CSR팀이라는 조직을 만들었고, DJSI 혹은 CDP와 같은 글로벌 이니셔티브들의 요구사항을 대응하기 시작하였다. 글로벌 이니셔티브의 요구사항은 기업들로부터 하여금 자발적으로 그들의 경영 활동과 계획을 공개하기를 원하였고, 이러한 정보 공개는 기업들의 보다 적극적인 활동을 유도하기 위함이었다. 당시 글로벌 이니셔티브의 정보 공개 요구사항은 대체적으로 기후변화나 지속가능경영을 알고 있는지 혹은 알고 있다면 이와 관련되는 활동은 무엇이 있는지 정도의 수준이었다. 즉, 기후변화 혹은 지속가능경영에 대한 인식을 알아보는 수준이었다.

그러나 이제는 이러한 글로벌 이니셔티브의 정보공개 요구사항은 단순히 인식 수준을 측정하는 것이 아니라 실질적인 성과를 요구하고 있고, 이에 대한 명확한 근거까지 보여 주기를 원한다. 즉, 기후변화에 있어서 기업이 인지하고 있는 리스크와 기회는 무엇이고, 이를 대응하기 위해서는 어떠한 과학적 방법론을 기반으로 목표를 설정하였는지 그리고 나아가 정량적인 목표 대비 성과는 어떻게 도출되었는지 그러한 결과에 기인하는 기업의 비즈니스 변화 상황은 무엇인지 등에 관하여 공개하기를 요구하고 있다. 이러한 글로벌 이니셔티브들의 정보 공개 요구사항이 과거 대비 성과를 측정하는 수준으로 변화를 하고 있는 것이다. 그리고 이러한 이니셔티브의 변화에 따라 기업 가치 평가에도 과거와 달리 비재무 영역의 경영 성과를 반영하는 움직임이 활발해지고 있다. 국민연금의 투자방식에 있어서 기업의 ESG 활동을 고려하겠다고 투자 방향이 설정된 것도 이러한 것의 일환이다. 또한, 최근에는 ESG 성과를 측정하고 평가하려는 국내외 여러 기관들이 생겨나고 있다. 비록 DJSI와 CDP와 같이 직접 정보공개 요구사항을 개발하고 조사하지는 않지만 기업이 공시하고 있는 자료를 비롯하여 다양한 활동을 종합적으로 고려하여 평가한다는 측면에서 이 또한 중요성을 무시하기 어려운 상황이다. 이처럼 ESG 평가기관과 투자기관 정부의 중대재해처벌법 등과 같은 법적 규제의 강화 등은 기업으로부터 하여금 이제는 실질적인 ESG 성과를 낼 수 있도록 한 목소리로 요구하고 있다.

Digital ESG로 새로운 기회를 모색해야 할 때

코로나-19로 인하여 우리의 삶은 급격하게 변화하였다. 지난 십여 년 동안 지속된 Digital Transformation은 유례없이 빠르게 확산되었다. 과거에는 디지털 기술은 기업의 비즈니스를 보다 효율적으로 운영하기 위한 수단으로써 그 역할을 수행하였지만 지금은 중요한 자원으로 다루어지고 있다. Digital Transformation를 위해서는 과감한 투자와 기존의 비즈니스 운영 방식의 변화가 요구된다. 이러한 요구는 생존을 위협하는 강한 압력이 있지 않고서는 대기업조차 수용하기 어렵다. 하지만 최근 ESG 경영에 대한 압력이 그 어느 때보다 강해지면서 Digital Transformation을 활용한 ESG 경영 성과를 창출해야 하는 시점이 도래하였다. 과거에 ESG 경영은 본질적인 비즈니스의 변화 없이 추가적인 활동으로만 지속가능경영이 가능하다고 보았다면 지금은 ESG 경영을 위하여 비즈니스를 과감하게 변화시키고 이를 기반으로 중장기 경영전략 및 실행 과제를 도출하고 비즈니스 포트폴리오를 재편해야 하는 시점인 것이다.

이러한 맥락에서 필자는 Digital ESG를 다음과 같이 정의하고자 한다. Digital ESG란, ESG 경영 성과 향상이라는 1차적 목적성을 가지고 인공지능, 빅데이터, AR, VR, IoT, 5G와 같은 디지털 기술이 적용된 시스템 및 플랫폼을 의미한다. 많은 기업들은 이미 Digital ESG를 적용하고 활용하고 있다. 냉난방 효율화 시스템 혹은 온실가스 및 에너지 저감 시스템 등이 그것이다. 하지만 우리는 주목해야 한다. ESG 경영 성과는 결국 다양한 이해관계자들이 이해할 수 있고 소통할 수 있는 언어로 변환되어야 한다. 즉, 냉난방 효율화 시스템을 통하여 몇 톤의 온실가스가 저감된 것에서 그치는 것이 아니라 이것이 기업의 경영 성과에 어떠한 의미인지 설명되어야 한다. 그러므로 필자는 이러한 관점에서 Digital ESG가 단편적인 시스템 및 플랫폼으로서 의미보다 경영 성과 향상에 주목을 하고 있음을 밝힌다.

본서는 ESG 관련 서적은 물론 ESG 시장 내 많은 전문가들의 인사이트가 담긴 자료들과 그들의 말을 다수 참조하고 가장 빠르고 정확한 정보를 제공하기 위하여 노력하였다. 그리고 다양한 계층의 독자들이 이해하기 쉽게 여러 사례를 수록했다.

본서의 챕터1에서는 ESG 경영의 필요성에 대하여 살펴본다. ESG 경영을 왜 해야 하는지 그리고 이러한 ESG 경영으로 우리가 지향해야 하는 방향은 무엇인지 등에 관하여 알아본다. 챕터2에서는 ESG 평가 체계에 대하여 살펴본다. ESG를 평가 체계별로 알아보고 ISO와의 연관 관계를 알아봄으로써 기존의 경영시스템과 ESG가 어떻게 연결되는지 이해한다. 그리고 최근 발표된 한국형 ESG 지표에 대해서도 알아본다. 챕터 3에서는 다양한 사례를 통해서 Digital ESG에 대한 관점을 이해한다.

필자는 지난 17년 동안 ESG 경영에 있어서 실무자로서, 컨설턴트로서 때로는 교수로서 활동을 하면서 ESG 시장의 변화를 몸소 체험하고 다수의 프로젝트를 성공적으로 수행하면서 ESG 변화 방향에 대하여 미약하게나마 예측을 할 수 있게 되었다. 최근 ESG에 대한 경영 이슈가 증가하면서 ESG에 관한 많은 서적이 줄지어 출간되고 있으나 Digital ESG에 대한 관점을 설명한 책은 마땅치 않다. 본서는 기업 및 조직이 ESG 경영 성과를 추진하기 위하여 반드시 Digital ESG의 관점을 이해하기 위한 것으로 기획 및 집필되었다.

하지만 여전히 이러한 경험과 지식에도 미래에 대해서는 여전히 장담할 수 없고 Digital Transformation과 ESG의 융합에 있어서는 그 변화가 무궁무진함에 따라 본서가 가지는 한계는 인정하지 않을 수 없다. 따라서 출간 이후 지속적으로 연구하고 보다 의미 있는 방향을 제시할 수 있도록 노력할 것이다. 본서를 읽는 독자분들 또한 필자의 이러한 뜻에 공감하고 따가운 질타를 보내 주길 바라고 궁금한 점에 있어서는 언제든 문의해 주길 기대한다.

끝으로 본서가 발간하기까지 많은 도움을 준 사랑하는 아내와 아이들 그리고 동료들에게 깊은 감사를 드리고 멋진 편집 및 구성으로 세상의 빛을 볼 수 있게 해준 드림위드에스 출판사에도 고마움을 전한다.

2022년 10월
장혁수

목차

프롤로그 ● 5

CHAPTER 1 ESG경영은 왜 필요한가?

1	ESG경영이란 무엇인가? ● 15	
2	UN의 사회책임투자원칙(PRI)에서 시작된 ESG ● 19	
3	기업의 가치평가 기준, ESG 선별투자의 쟁점 ● 25	
4	기후, 환경, 안전, 보건혁신으로 변화하는 기업의 핵심가치 ● 32	
5	ESG 경영의 장애물/미래 기술과 보존가치 융합의 관점 ● 41	
6	ESG 투자 확대가 노동시장에 미치는 영향 ● 47	
7	배출권 거래제와 재생에너지가 주는 영향 ● 53	
8	합리적 ESG로 가는 방향 ● 57	

CHAPTER 2 조직 전반의 기조에서 평가되는 ESG

9	기업경영의 지속가능성을 위한 ESG 평가 ● 65
10	ESG의 평가 체계 ● 69
	탄소정보공개프로젝트 CDP(Carbon Disclosure Project)
	투자를 위한 결정에 필요한 CDP
	다우존스지속가능경영지수 DJSI(Dow Jones Sustainability Indices)
	경제정의지수(KEJI index)
	MSCI(Morgan Stanley Capital International) ESG 평가
	한국기업지배구조원의 ESG 평가

11	ISO 표준과 ESG ● 78
12	ESG 경영과 컴플라이언스 ● 82
13	한국형 지표, K-ESG의 시작 ● 87

CHAPTER 3 새로운 기회, Digital ESG

14	세계의 ESG 동향 ● 91
	ESG 사례 1 모빌리티 혁신 가능성 보여 준 '9유로 티켓'
	ESG 사례 2 IT기업의 친환경 데이터센터 구축
	ESG 사례 3 파타고니아: 경영 자체가 ESG인 기업
	ESG 사례 4 ESG Brand 폭스바겐, 넷플릭스
	ESG 사례 5 국민연금·KIC도 ESG 투자 대열
15	ESG 디지털융합의 접점 ● 107
16	ESG 브랜딩 시대: 국내외 기업 디지털 ESG 전략 ● 111
17	디지털 트랜스포메이션(DX)되는 ESG ● 117
18	그린 & 디지털 혁신, 트윈 트랜스포메이션 ● 121
19	AI로 진화하는 ICT에서 기업의 지속가능성 ● 124
20	미래의 새로운 에너지원을 찾는 AI ● 128
21	디지털 기술로 예방하는 중대재해처벌 ● 133
22	새로운 기회의 시대 ● 138

CHAPTER 1

ESG경영은 왜 필요한가?

목차 미리보기

1		ESG경영이란 무엇인가?
2		UN의 사회책임투자원칙(PRI)에서 시작된 ESG
3		기업의 가치평가 기준, ESG 선별투자의 쟁점
4		기후, 환경, 안전, 보건혁신으로 변화하는 기업의 핵심가치
5		ESG 경영의 장애물/미래 기술과 보존가치 융합의 관점
6		ESG 투자 확대가 노동시장에 미치는 영향
7		배출권 거래제와 재생에너지가 주는 영향
8		합리적 ESG로 가는 방향

1
ESG경영이란 무엇인가?

ESG는 환경(Environmental), 사회(Social), 지배구조(Governance)의 영문 첫 글자를 조합한 단어로, ESG의 개념은 다양하게 정의되고 있다. 일반적으로 ESG는 기업의 경영전략을 실행하고 기업가치를 높이기 위한 행위에 영향을 미칠 수 있는 환경·사회·지배구조에 관한 요소들을 포괄하는 개념으로 정의되고 있다. 때로는 ESG 경영이라는 표현을 대신하여 "지속가능한(Sustainability) 경영"이라는 표현이 사용되기도 한다. "지속가능한 경영"의 개념은 "현재 세대의 필요를 충족시키기 위하여 미래 세대가 사용할 경제·사회·환경 등의 자원을 낭비하거나 기업 경영에서 지속가능성을 달성하기 위한 E, S, G라는 3가지 핵심 요소라는 것은 이제 보편적인 인식수준이 되었다. 이는 기업의 지속적인 성장 및 생존과 직결되는 핵심가치들로, ESG를 구성하는 세부 요소들을 알아보면 다음과 같다.[1]

---

[1] KRX ESG포털, https://esg.krx.co.kr/contents/01/01010100/ESG01010100.jsp

E는 환경(Environmental) 기후변화 및 탄소 배출, 환경 오염 및 환경 규제, 생태계 및 생물 다양성, 자원고갈, 공해, 물, 산림파괴, 청정기술개발 등을 다룬다.

S는 사회(Social)로 데이터 보호 및 프라이버시, 인권 및 성별 평등 및 다양성, 지역사회 관계, 노동환경개선, 아동 문제를 포괄한다.

G는 지배구조(Governance)이다. 투명한 기업 운영을 지향하며, 이사회 및 감사위원회 구성, 뇌물 및 반부패, 기업윤리, 경영진 보상, 정치적 로비 및 기부, 조세전략까지 포괄한다.[2]

과거에는 기업을 평가함에 있어서 '얼마를 투자해서, 얼마를 벌었는가'를 중심으로 '재무적'인 정량 지표가 기준이었다. 그러나 기후변화 등 최근 기업이 사회에 미치는 영향력이 증가하여 '비재무적'인 지표가 기업의 실질적인 가치 평가에 있어서 더 중요할 수 있다는 인식이 늘어나고 있다. 기업의 사회적 책임에 대한 담론이 형성되며 투자자와 소비자들도 기업을 평가함에 있어 재무적 가치가 아닌 비재무적 가치를 중시하고 있다.

따라서 ESG 경영 정보는 비재무적(non-financial) 정보라고 불리는데, 기업이 ESG 경영요소 관리를 어떻게 하느냐에 따라 기업의 재무적 정보에 영향을 미칠 수 있다. ESG 경영은 다음의 항목에서 재무적인 영향을 미칠 수 있다.

---

2 KRX ESG포털, https://esg.krx.co.kr/contents/01/01010100/ESG01010100_01.png

ESG 정의

ESG 정의는 기관별 설립 목적 및 사업의 특성, 이해관계자의 차이에 따라 상이하게 제시되고 있다. 이들을 종합할 경우 "여건을 저하시키지 아니하고 서로 조화와 균형을 이루는 것"이라고 정의하고 있다.

ESG는 비재무적인 요소인 환경, 사회, 지배구조를 포함한 용어이다. UN이 2006년 제정한 UN 사회책임투자(SRI)원칙에서 처음 용어로 사용되었으며, 투자자들은 ESG 경영을 강조하기 시작하였다. 2020년 우리 돈으로 약 2경 원 정도의 규모를 가진 전 세계 최대 자산 운용사인 블랙록(Black Rock), 래리 핑크(Larry Fink)가 연례 서한을 보내 ESG의 열풍에 방아쇠(Trigger)를 당긴다. 그는 "ESG 요인을 자산운용에 적극적으로 반영하겠다."라고 했다. 이로 인하여 ESG 경영은 투자 의사결정 시 '사회적 책임'이나 '지속 가능 경영'의 관점에서 기업의 환경, 사회, 지배구조 등을 고려하는 투자, 경영 방법인 것이다.

ESG 개념의 다양한 사용[3]

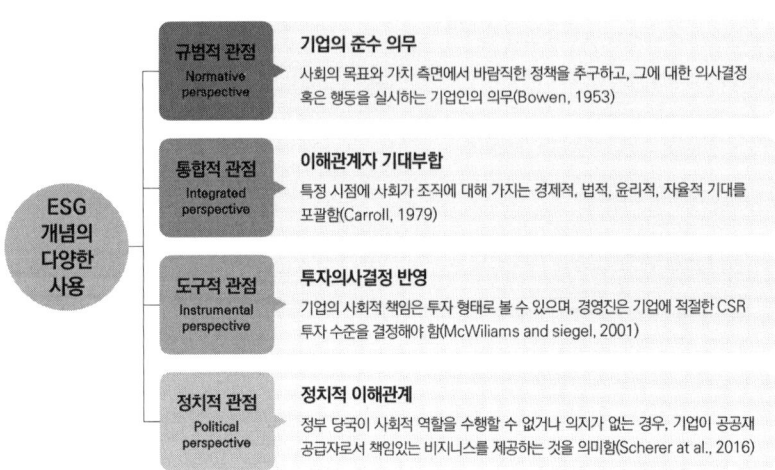

---

3 KRX ESG포털, https://esg.krx.co.kr/contents/01/01010100/ESG01010100_04.png

2
UN의 사회책임투자원칙(PRI)에서 시작된 ESG

유엔 책임투자원칙(UN PRI)은 환경, 사회, 지배구조(ESG) 이슈를 고려함에 있어 세계적으로 인정받는 평가지표로서, 전 세계 투자자들이 이 세 가지 요소를 반영하여 투자 결정을 내리도록 촉구하는 모범관행을 제시하고 있다. 유엔의 책임투자 원칙은 다음과 같다.

유엔 책임투자원칙(UN PRI)[4]
1. 투자 분석 및 의사결정 과정에 있어 ESG 이슈를 반영한다.
2. 적극적 소유권을 행사하며 소유권 정책 및 행사에 ESG 이슈를 반영한다.
3. 투자 대상 기업의 ESG 이슈가 적절히 공개되도록 노력한다.

---

[4] Russell investments, Summary of PRI Assessment 2020, (https://russellinvestments.com/-/media/files/kr/about-us/summary-of-pri-assessment-2020-kr.pdf?la=ko-kr)

4. 투자 업계 내 책임투자원칙의 도입 및 실행을 증진시킨다.
5. 책임투자원칙 이행의 효과를 높이기 위해 협력한다.
6. 책임투자원칙의 이행에 관한 활동 및 진전 사항을 보고한다.

사회책임투자원칙[Principles for Responsible Investment, PRI]은 2006년 4월 뉴욕증권거래소에서 유엔 사무총장인 코피 아난과 네덜란드공무원연금(ABP), 캘리포니아공무원연금(CalPERS), 뉴욕교원연금(NYCTRS), 영국대학교원연금(USS) 등 주요 연기금의 기관장들이 발표한 투자원칙이다.

연기금들이 수탁자로서 수익을 극대화하기 위해 투자대상기업의 재무적 측면뿐만 아니라 비재무적인 환경, 사회, 지배구조(Environmental, Social and Governance·ESG)까지 고려해야 한다는 내용을 담고 있다. 이들은 기업의 지배구조와 환경, 사회에 미치는 영향이 기업의 장기 존속을 위한 주요 변수가 된다고 주장했다.

다양한 ESG관련 이니셔티브

ESG가 화두가 되면서 "이니셔티브(Initiative)"라는 말들을 많이 접하게 된다. 사전에서 찾아보면 상황을 개선하거나 어려움을 해결하기 위해 의도된 행동이나 전략이다. 즉 주도권을 쥐고 특정 문제를 해결하는 단체, 사람이라고 개념화한다. ISO 26000에서는 이를 사회적 책임 이니셔티브(Initiative for social responsibility)로써 사회적 책임과 관련된 특정 목적 충족에 명시적으로 기여하려는 프로그램 또는 활동이라고 의미한다.

이들은 주요 이슈들을 논의할 수 있는 공동의 장이다. 개별적 대응보다는 리더십을 가지고 의제에 대해 다양한 이해관계자들의 참여로 균형적인 논의가 가능하다. 따라서 정보 공유 및 확산을 위한 매개체로 그 역할을 충실히 할 수 있다. ESG와 관련된 규제의 경제, 공동 대응을 통해 변화를 촉진할 수 있다. 더불어 모니터링, 검증, 인증, 보고 등에 대해 공통적 시스템을 구축하는 것이 가능하다.

지속가능발전 및 사회 책임투자관련 UN 주도 이니셔티브의 국내 기관 서명 현황은 다음의 표와 같다.

이니셔티브	년도	특징	가입 기관 수	한국 기업 참여도
UN Global Compact	2000	- 기업이 고려해야 할 인권, 노동권, 환경, 반부패에 관한 기업의 10가지 운영원칙 제시(매년 진단 보고 제출 의무) - 이사회 승인과 Global Compact 원칙을 지지한다는 CEO 성명의 신청서를 제출하면 회원 자격이 부여됨.	160개국 이상 15,787개의 기업 및 NGOs (2020)	246개 (2020)

이니셔티브	년도	특징	가입 기관 수	한국 기업 참여도
GRI Standard (Sustainability Reporting Standards)	1997 (새 기준은 2018년부터)	- 지속가능보고서에 대한 작성 지침(일반적 보고 기준 : GRI 100 series, 경제적 영향 GRI 200 series, 환경적 영향 GRI 300 series, 사회적 영향 GRI 400 series) - 경제적 성과/환경/사회 정보 보고에 대한 가이드라인 제시 - 2016년 GRI Standard 공개 - 보고원칙 : 중요성, 이해관계자 참여, 지속가능성 맥락, 완전성	1,000개 이상 기업 및 NGOs (2020)	누적 발간 총 1,156개 (2020)
CDP (Carbon Disclosure Project)	2000	- 기후변화와 관련된 기업의 위기와 기회 요인을 분석하기 위한 정보 수집과 투자 반영을 목적으로 한 투자자 이니셔티브 - CDP 사무국에서 주요 기업들이 공개한 탄소 정보를 계량화, 국가별, 지역별 리포트 발간, 금융기관에서 활용할 수 있는 DB 구축	8,446개 대기업 응답 (2020)	224개 대상 (2020)

이니셔티브	년도	특징	가입 기관 수	한국 기업 참여도
OECD MNEs Guideline 2000	2000	- 1976년 제정된 'OECD 국제 투자 및 다국적 기업의 선언'의 일부로서, 2000년에 수정되어 발표된 다국적 기업의 사회적 책임을 위한 가이드라인 - 법적 구속력은 없지만, OECD 회원국 간의 Peer pressure 기능	40개국	한국참여: 외국인 투자 실무 위원회
RBA (Responsible Business Alliance)	2004	- 전자산업 행동규범으로서 공급업체의 근로조건 및 환경 의무를 개선하고 전자기업과 공급업체의 표준 단일화를 위해 마련된 EITC(Electronic Industry Code of Conduct)의 변경된 명칭 - 노동/건강, 안전/환경 기준 및 경영 시스템, 기업윤리에 대해 실행, 준수, 심사, 보고 지침 제시	125개 전자, 소매, 자동차 및 장난감 회사 (2018.7)	삼성전자, LG전자, SK하이닉스

이니셔티브	년도	특징	가입 기관 수	한국 기업 참여도
Equator Principles	2003	- 개도국에 대한 Project Finance(1천만 달러 이상)에 있어 환경 사회적 리스크를 평가하고 관리하기 위한 금융산업의 표준 - 금융기관은 프로젝트의 환경영향평가 및 행동 조치 계획을 제시 - 사업 시행자는 시행 조치 및 이행 여부에 대한 모니터링 시행	94개 금융기관 (2018)	산업은행 ('17.1월 국내 최초 가입)
UN PRI	2006	- 책임투자원칙을 수탁자 책무 차원에서 인식하고 금융 의사결정 과정에 ESG 이슈가 반영될 수 있도록 투자원칙 제시 - 6대 투자원칙과 33개의 행동지침으로 구성	1,311개 (2018.4)	국민연금, 안다자산운용, 하이자산운용 (2018.6)
UNEP/FI	1992	- 금융기관 운영의 모든 수준에서 발생 가능한 환경 및 지속가능성 사례를 개발하고 촉진하기 위한 UN과 금융기관의 자발적 파트너십 - 국제 컨퍼런스나 지역별 모임을 통해 정보 및 B/P 공유	200여 개 (2018.8)	6개 동부화재해상보험, 대구은행, 하나금융그룹, 현대해상화재보험, 삼성화재해상보험, 신한은행 (2018.7)

3
기업의 가치평가 기준, ESG 선별투자의 쟁점

　기업 가치평가 방법의 구분에 대해서 알아보자. 기업 가치평가 방법은 몇 가지의 기준으로 구분될 수 있다. 여기선 기업 가치평가 시 대상기업 본연의 재무현황만으로 평가하느냐 아니면 대상기업과 유사한 비교기업들의 시장가격을 참조하느냐로 구분하고자 한다. 우리는 전자를 절대가치평가 방식이라 하고, 후자를 상대가치평가 방식이라고 한다.

　ESG 정보와 기업 재무성과에 대한 다수의 결론은 대체로 ESG 정보가 기업가치에 긍정적인 영향을 미친다는 것이지만, 일부 반대의 결론을 주장하는 연구도 존재한다.
　ESG 정보가 기업가치에 미치는 경로를 검증하려는 연구에서, ESG 정보는 기업의 위험관리 능력, 향후의 현금 흐름, 시장에서 기업을 평가하는 할인율 등의 경로를 통해 기업가치평가에 영향을 끼친다. 해외 운용사를 대상으로 ESG 정보를 어떻게 기업가치 평가에 반영하는지를 설문 조사 한 결과, 운용업계의 다수를 차지하는 펀더멘탈 분석접근(개별 기업에 대한 리서치를 통해 주식 운용)방식의 운용사는 다양한 ESG 정성, 정량 정보를 재무 정보에 더한 추가적인 정보로 인식하고, 운용자의 전문적 판단에 따라 정보의 반영 여부 정도를 결정하는 기존의 분석 프로세스에 통합시켰다는 것을 알 수 있다.

지속가능한 발전을 위한 기업과 투자자의 사회적 책임이 중요해지고 있다. 세계적으로 많은 금융기관이 ESG 평가 정보를 활용하고 있다. 영국(2000년)을 시작으로 스웨덴, 독일, 캐나다, 벨기에, 프랑스 등 여러 나라에서 연기금을 중심으로 ESG 정보 공시 의무 제도를 도입했다. UN은 2006년 출범한 유엔책임투자원칙(UNPRI)을 통해 ESG 이슈를 고려한 사회책임투자를 장려하고 있다.

또한 현재 지구촌은 기후 변화에 중대한 고비를 맞고 있다는 점이 대표적인 쟁점이다. 지구 온난화가 심각하다. 화석 연료 때문에 온도가 높아지고 있다. 폭염과 홍수, 산불 등 기후변화와 관련된 이상 기후 현상이 나날이 심각해지고 있다. 이러한 기후재앙 막기 노력의 일환으로 2050년 탄소중립 목표로 수립하였다. 각국 정부는 보다 긴급한 집단행동이 필요하다는 점에 동의하고 있다. 전 세계 200개국은 오는 2030년까지 탄소 배출량 감축 계획에 대한 요구를 받고 있다. 이들 국가들은 지난 2015년에 기후 재앙을 방지하기 위해 지구 평균 온도 상승폭을 산업화 이전 대비 2도 이내로 낮게 유지하고, 가능하면 1.5도 이내로 상승을 억제하기 위해 노력하기로 합의했다. 이것이 바로 '파리 기후변화협약'이다. 각국은 오는 2050년에 탄소중립 목표에 도달할 때까지 배출량을 줄여야 한다는 것을 화두로 하고 있다는 것이다.

다음은 경제적 관점에서 기후 변화의 중요성이다.

기후 위기는 인간과 생존의 문제이다. 돌이킬 수 없는 파국으로부터 안전하고 건강한 삶을 지키느냐의 문제이다. 의식주를 비롯해 사회, 경제, 문화, 정치 등으로 연결되어 있다. 무엇보다 기후는 후세를 남겨야 할 유산이다. 이를 위해 생태계의 붕괴를 포함한 기후 파국을 막아야 한다는 것이라는 점에 주목한다.

G20의 요청에 따라 금융안정위원회(FSB)가 기후변화 관련 정보의 공개를 위해 '15년 설립한 글로벌 협의체인 '기후변화 관련 재무정보공개 협의체(TCFD)'는 첫째, 지배구조(기후변화 관련 이사회의 관리감독 및 경영진의 역할) 둘째, 전략(장/중/단기 기후변화 관련 리스크 및 기회가 경영·재무계획에 미치는 영향) 셋째, 리스크 관리(기후리스크 식별·평가·관리절차 및 리스크 관리 체계 통합 방법) 넷째, 지표와 목표(기후리스크 및 기회의 평가·관리지표, 목표치와 성과) 등 네 가지 권고안을 마련했다.

ESG 속의 E(Environment, 환경)는 기후 변화뿐만 아니라 그 밖에도 자연 환경 파괴 (숲, 해양), 생물 다양성의 문제 등을 담고 있다. 이는 기후 변화 문제와 밀접하게 관련되어 있다. 엄밀하게는 기후 변화와 다른 문제이다. 기후 변화는 ESG 속 E의 하나에 불과하다. 기후 변화 문제와 ESG가 거의 같은 맥락에서 사용되는 예가 적지 않다. 탈 탄소 사회에 대해 언급 논설에서 갑자기 ESG 펀드의 실적이 등장한다. 환경은 기업의 사회적 역할을 정의하는 척도가 되고 있다. 현재 기후 변화와 ESG와 관련된 기관들이 난립하고 있다. 국제적인 통일 기준이 확립되어 있지 않아 혼란스러운 상황이다.

'기후 관련 재무정보 공개 태스크포스(TCFD)'가 국제 표준이 되고 있다. 2015년 G20재무장관과 중앙은행 총재가 설립한 FSB(금융위원회)에서 시작한 TF이다. 기후 변화가 미치는 기업의 재무적 영향을 바탕으로 프레임워크 및 권고안을 제시하고 있다.

ESG기관 난립

ESG와 관련된 국제적 기관은 TCFD를 비롯해 GRI(Global Reporting Initiative), CDSB (Climate Disclosure Standards Board), SASB(Sustainability Accounting Standards Board)등 4개 기관이 대표적이다.

TCFD의 ESG정책을 전 세계 기업들이 가장 많이 도입하고 있다. TCFD는 2021년 2월 기준 전 세계 77개국 1,757개 기관들의 지지를 받고 있다. 영국과 뉴질랜드는 TCFD권고안 기준 공시 의무화 방침을 발표했다. 스위스는 성장기업과 금융기관의 TCFD 의무화를 추진하고 있다.

TCFD는 2017년 산업 전반적인 부분에 적용되는 'TCFD 권고안'을 발표했다. 기후 관련 리스크 및 기회, 권고안 및 지침, 시나리오 분석 부분으로 구성됐다. 또한 거버넌스 전략, 리스크 관리, 정량적 지표 등을 핵심 요소로 구분했다. 금융회사와 기업들은 기후 위기에 따른 재무적 영향을 분석하고 이를 관리하기 위해 4대 영역을 투명하게 공시하도록 했다.

SRI는 1997년 설립됐으며 ESG 관련해 GRI Standard를 제시했다. 기업이 ESG 정보를 "GRI Standard"의 기준에 따라 '지속 가능성 보고서'에서 공개할 것을 촉구하고 있다. GRI는 6캐피탈(재무 자본, 생산 자본, 지적 자본, 인적 자본, 사회 관계 자본, 자연 자본)이 장기적으로 지속 가능한 가치 창출을 하고 있는지를 나타내는 프레임워크이다.

CDSB는 2007년 설립됐으며 기후 변화뿐만 아니라 숲, 생물 다양성 등 널리 환경에 관한 공개를 촉진하고 있는 게 특징이다.

SASB는 2011년 설립됐으며 회계 기준을 바탕으로 ESG에 표준을 만들었다. 11분야 77개 업종에 대해 고유의 지속 가능성 관련 지표를 제시한 SASB 표준을 마련했다.

ESG 기준 통합 방향성

이들 기관의 공개 기준은 겹치는 부분도 있다. 기관마다 기후 변화 정보 공개 기준의 일관성, 비교 가능성의 향상 등을 위한 표준화가 추진되고 있다.

대표적으로 2014년 IIRC의 주도로 추진된 CRD(Corporate Reporting Dialogue)프로젝트가 있다. 주요 설정 기관인 GRI, CDSB, SASB 이외에 국제 표준화기구(ISO, International Organization for Standardization)와 국제 회계 기준위원회(IASB) 미국 재무 회계 기준위원회(FASB)도 이 프로젝트에 참여하고 있다.

2018년에는 'Better Alignment Project'가 시작됐다. ESG에서 기후 변화에 초점을 맞췄다. 2019년 「Driving Alignment in Climate-related Reporting(기후보고서)」라는 보고서를 발표했다. 지난해 12월 기후 관련 재무 공시 기준 모형으로서 'Reporting on enterprise value Illustrated with a prototype climate-related financial disclosure standard(기후 관련 재무 공시 표준 엔터프라이즈 가치 보고)'를 발표했다. 각 기준의 정리, 통합, 보완을 하는 것이다. 모든 면에서 TCFD 제안이 기본이다. 이 모형에서는 TCFD 제안 "거버넌스, 전략 리스크 관리 지표 및 목표"에 대하여 그 목적, 공개 항목, 공개 방법 등이 기재되어 있다.

TCFD 제언이 국제 표준이 되고 있다. 국제 통합보고위원회(IIRC)

와 지속 가능 경영 회계 기준위원회(SASB)는 합병을 위한 Value Reporting Foundation(VRF)이 설립됐다. 향후 새로운 통합, 즉 CDSB와의 합병에 관심이 모아지고 있다.[5]

---

5 조경호, "[기획_ESG보고서①] 글로벌 기업 ESG보고서 발표...기업 가치·지속 성장 가능성 평가 기준", 공정뉴스, 2021.10.24., https://www.fairn.co.kr/news/articleView.html?idxno=63675

4
기후, 환경, 안전, 보건혁신으로 변화하는 기업의 핵심가치

조직의 핵심가치(Core Value)는 미션과 비전을 달성할 수 있도록 조직의 명확한 원칙과 행동지향점을 제시하는 것으로 결국, 조직이 근본적으로 가고자 하는 지점(Goal)에 갈 수 있도록 튼튼히 지탱해 주는 기둥이자, 힘차게 뛰도록 추진하는 가속페달의 의미가 기업의 핵심 가치라고 할 수 있다. 핵심가치의 중요성은 대부분의 조직에서 공감하고 있다. 하지만 그것이 회사 홈페이지 소개란 혹은, 사무실 한편에 텍스트로 적힌 글귀로만 인식되고 많은 직원이 본인 조직의 핵심가치 개념조차 알지 못하는 현실 또한 존재한다. 이러한 지점이 핵심가치(Core Value) 내재화가 필요한 이유이다.

조직의 핵심가치가 명문화 혹은 개념적으로 잡혀 있다면, '핵심가치 내재화'를 위한 노력은 반드시 필요하다. 그 이유는 가치 내재화는 다음과 같은 긍정적 효과를 불러일으키기 때문이다.

첫째, 본질적인 가치기준을 세우게 되어, 지향점을 같이하여 구성원들의 사고와 행동의 기준이 될 수 있도록 한다. 이것이 경영과 업무의 원천이 되어, 행동방향의 우선적인 기준점이 될 수 있다. 핵심가치 내재화에 의해서, 조직원 전체의 사고와 행동을 한 방향으로 정렬시키고 조직 전체의 방향성을 통일시킬 수가 있다. 이것은 불확실한 대외환경과 수많은 리스크가 존재하는 경영환경에서, 조직 응집력을 키우는 열쇠이자, 원칙중심의 판단으로 회사의 정체성 및 가치를 계속 지켜나가는 힘이 될 수 있다.

둘째, 조직의 성공 DNA를 공유하여, 지속성장을 추구한다. 핵심가치는 단순한 행동 가이드라인의 제시가 아니다. 성장을 추구하는 회사의, "일하는 방식(Way)"에 고스란히 녹아들어가게 되며, 이러한 Way가 전 직원에게 공유되고 전파되는 역할을 가능하게 한다. "협력(co-Work)"을 핵심가치로 추구하는 회사는, 모든 일하는 방식에 협업과 팀워크를 강조하며, 이러한 업무패턴이 극대화 될 수 있는 방법들을 적용하게 된다. 즉, "협력"의 핵심가치 내재화 활동을 통해, 일하는 방식에 자연스레 적용할 수 있고, 이를 전 직원에 전파할 수 있는 구조이다. 조직이 추구하는 일하는 방식(Way)은, 그 조직의 성공 DNA라고 할 수 있다. 성공 DNA를 전파하는 것, 조직이 지속성장하는 최고의 도구라고 할 수 있다.

셋째, 조직시너지 및 조직활성화를 유도한다. 핵심가치는 같은 사고방식과 행동양식, 일하는 방식의 전파 등 조직 내 인적자원들의 생각·

마음·행동 등의 끈끈한 공감대를 형성하게 만든다. 구성원들의 감정적 몰입을 유도하고, 강하게 연결된 고리를 통해 각자의 잠재력과 조직 시너지를 도출할 수 있는 매우 넓은 여건(Square)을 형성하게 된다. 조직 시너지 발현은, 조직활성화를 이끌어 내고 긍정적 에너지의 전파를 통해 더욱 강한 몰입과 성취를 이룰 수 있게 합니다. 긍정적 시너지와 에너지의 선순환 구조가 자연스레 정착하게 된다.

핵심가치(Core Value)는 단순히 텍스트(Text)로 존재하기엔, 그 의미와 가치가 매우 크다.

핵심가치가 없는 조직이라면, 전 직원이 공감하고 회사의 방향성에 걸맞은 가치의 개념화 작업이 반드시 필요할 것이다. 그리고 핵심가치가 명문화된 조직이라면, 전 직원의 공유와 전파가 가능하도록 '핵심가치 내재화' 활동이 반드시 동반되어야 한다. 핵심가치(Core Value)는, 말 그대로 우리 조직을 지탱하는 가장 중요한(Core) 가치(Value)를 지닌 존재이기 때문이다.[6]

그렇다면 기후변화 대응을 위한 기업의 책임과 역할은 무엇이며, 이것이 기업에게 요구되는 이유는 무엇인지 생각해 볼 필요가 있다. 오늘날 기업을 보는 시각에는 기업이 사회의 한 구성원으로서 사회적이고 공익인 차원에서 유지되고 성장 가능하다는 인식이 뿌리내린 듯하다. 전 세계 GDP의 60%와 자산흐름의 80%를 차지하는 기업은 사회

---

[6] NFN, Performance Insight, https://www.nfn.co.kr/board/read.jsp?id=37&code=promote

의 일원으로서 사회로부터 이윤을 창출하기 때문에, 사회와의 관계를 배제할 수 없기 때문이다. 경영학의 대가로 불리는 피터 드러커(Peter Ferdinand Drucker) 역시 "기업은 일반사회와 경제사회의 허락이 있었기에 존재할 수 있는 것으로서, 기업의 사회적 활동 목표는 단순히 좋은 의도를 표명하는 것을 넘어 기업 전략에도 반영되어야만 한다."라면서 기업의 존재 이유와 그 역할에 대해 강조하였다. 기업의 기후변화 대응은 자선이나 봉사의 관점에서 파악할 문제가 아닌 사회구성원으로서의 당연한 의무 이행으로 이해해야 할 것이다. 기후변화와 관련한 기업의 책임은 '지속가능한 개발(sustainable development)'과 '환경경영' 두 가지로 요약된다. 급속한 산업화에 따라 기후변화와 같은 환경 문제들이 부각되면서 소비자, 투자자, 근로자, 시민단체들은 기업들이 법규 준수에서 더 나아가 적극적으로 환경 친화적 경영을 하도록 압박해 왔다. 즉 기업이 단순한 법규 준수, 자원재활용, 에너지 절약의 차원을 벗어나 지구환경 보호를 위한 보다 포괄적인 접근방법으로 제품, 생산과정 및 서비스를 평가하는 '지속가능한 개발'에 적극적으로 기여해야 한다는 주장이다. 이러한 사회적 압력의 증가에 따라 기업의 환경적 책임의 중요성이 커지고 부정적인 언론보도나 캠페인으로부터 기업 이미지 및 브랜드 가치와 같은 무형자산을 보호하려는 기업의 이해가 맞물리면서 기후변화 대응을 위한 기업들의 적극적인 노력이 늘어나고 있다.

최근 환경보호, 사회공헌, 윤리경영을 중시하는 ESG(Environmental, Social & Governance)경영이 주요 경영 키워드로 떠오르고 있다. 올해에도 많은 기업들이 사회적 책임을 다하고 어려운 이웃과 더불어 사는 사회를 만들기 위한 사회공헌활동에 매진할 것이라고 밝혔다. 특히, 소비자와의 접점에서 비즈니스 활동을 하고 있는 외식, 식품업계 기업들은 기부활동, 식품전달, 봉사활동 등 추운 겨울을 맞아 나눔을 실천하며 윤리적인 기업 이미지를 적극 어필하고 있다. 업계 관계자는 매출에만 치중하는 기업보다 윤리적인 기업들이 사회적으로 더욱 인정받는 만큼 앞으로도 기업들의 사회공헌활동은 더욱 활발해질 것으로 보인다고 말했다.[7]

최근 밀레니엄 세대에게 환경을 보호해야 한다는 의미의 '필환경'이나 사회적 문제는 매우 중요한 가치판단의 기준이 됐다. 밀레니엄 세대들은 투자 결정에서 ESG를 중요하게 여긴다. 이들은 친환경적이며, 윤리적이고 지배구조가 바람직하면서 사회에 긍정적인 영향을 주는 회사에 투자하길 희망한다. 실제 2018년 모건스탠리 설문조사 결과에 따르면 밀레니엄 세대의 86%는 시장 평균 정도의 수익률을 목표로 한다면 ESG를 추구하는 자산에 투자하겠다는 의사를 밝혔고, 75%는 자신들의 투자가 환경에 영향을 줄 수 있다고 생각하는 것으로 조사됐다. 실제로 ESG의 급부상은 숫자로도 확인할 수 있다. 글로벌지속가능투자연합(GSIA)에 따르면 올해 기관투자가가 투자의사 결정에 ESG를 고려하는 자금 규모는 지난해 말 45조 달러(약 5경 원)에 달한

---

[7] 김현주, "2019년 'ESG경영'이 대세…기업들의 따뜻한 동행, 활발한 사회공헌활동 눈길", 세계일보. 2019. 01. 03., http://www.segye.com/newsView/20190103004809
국민권익위원회, 기업윤리브리프스, 2019.02., https://acrc.go.kr/briefs/201902/img/bro.pdf

것으로 추정된다. 2016년 22.8조 달러, 2018년 31조 달러에서 매년 늘어나고 있다. 이 가운데 주식, 채권을 제외한 대체투자시장 비중은 13~15% 수준인 것으로 알려졌다. 한국의 명목 국내총생산(약 1,900조 원)의 세 배가 넘는 6,000조 원에 달하는 자금이 ESG를 주제로 대체투자시장에 흐르고 있는 셈이다.

이처럼 세계적으로 ESG 투자에 대한 관심이 증가하고 있는 가운데 국내 자산운용업계에서도 최근 2~3년 동안 ESG 관련 펀드를 활발히 출시하고 있다. 국내에서 설정된 ESG 펀드 순자산 규모는 2020년 7월 기준 4,168억 원으로 국내주식형 공모펀드의 1% 수준이라 아직 그 시장 규모는 미미한 편이지만, 최근 3년간 연평균 47% 이상의 가파른 성장률을 보인다. 최근 코로나19사태와 정부의 그린뉴딜 기조 속에 환경, 공중보건, 사회안전망, 취약계층 지원 등 환경 및 사회 이슈에 대한 투자자 관심이 증가하고 있어 국내 ESG 펀드 시장도 향후 더 성장할 것으로 예상된다.

세계 3대 자산 운용사 중 하나인 블랙록(BlackRock)이 기후 리스크를 외면한 기업에는 투자하지 않겠다고 밝히는 등 ESG 경영은 이미 거스를 수 없는 시류가 된 가운데, 이 같은 추세는 '바이든 시대'를 업고 더욱 가속화될 전망이다. 특히 금융 투자 업계에서는 조 바이든 행정부의 출범과 함께 ESG 펀드가 더욱 부상할 것으로 예측하고 있다. 앞서 조 바이든 미국 대통령은 파리 기후 협약 재가입, 2050년까지 온실가스 배출량 제로(0) 달성, 청정에너지에 2조 달러 투자 등 친환경 정책에 역점을 둔 공약을 내세운 바 있다.

　한국 정부도 탈탄소, 그린뉴딜 등 ESG 관련 어젠다에 정책 역량을 집중하는 모습이다. 또한 정부는 2030년부터 모든 코스피 상장사에 ESG 정보를 반드시 공시하도록 했다. 일단 올해부터 2025년까지 지속가능경영 보고서 자율 공시를 활성화하도록 하고, 2025년부터 2030년까지는 2조 원 이상의 코스피 상장사에, 2030년부터 모든 코스피 상장사에 적용된다. ESG가 일시적 유행이 아니라 지속적 트렌드로 자리 잡을 것이란 관측이 나오는 이유다. ESG는 기업에만 해당되는 게 아니다. 최근 국제신용평가사 무디스가 한국의 ESG 신용영향 점수를 최고 등급인 1등급으로 평가했다. 독일, 스위스 등 11개 나라가 한국과 같은 1등급. 미국, 영국은 2등급. 일본, 중국은 3등급을 받았다.

　코로나19 시대에 ESG는 금융시장 및 산업계에서 화두 중의 화두로 급부상했다. 과장이 아니다. 2021년 경영·소비·투자 등 경제 전반에 걸쳐 ESG라는 트렌드는 이제 일상이 됐다. 과거에는 이윤 극대화가 기업의 최고 미덕으로 여겨졌으나, 이제 '기업의 사회적 책임'과 '지속가능한(Sustainable) 경영'에 대한 관심이 커지고 있다. 만약 기업들이 ESG 경영을 소홀히 하면 사업 자체뿐만 아니라 신용등급, 규제 대응에 이르는 다양한 리스크들에 직면할 것이며, 결과적으로 투자자, 고객, 파트너사, 사회 등 핵심 이해관계자들로부터 신뢰를 잃게 될 것이다. 따라서 ESG 경영을 준비하고 실행하는 것은 시간이 흐를수록 선택

사항이 아닌 필수적인 생존전략이 될 것이다.[8]

지난 2015년 파리 기후변화협약 (Paris Agreement)과 UN의 지속가능발전목표(SDGs, Sustainable Development Goals)가 정비됐다. 미국의 조 바이든(Joe Biden)이 대통령이 취임하며, 파리기후협정 복귀와 2050년까지 탄소 중립(Carbon Neutral)을 선언함에 따라 기후변화에 대한 범지구적인 움직임은 다시 한번 탄력을 받기 시작했다. EU는 물론 한국과 일본 정부도 2050년 탄소 중립을 달성하겠다고 선언했고, 중국도 2060년까지 추진하겠다는 의사를 밝히는 등 120여 개국에서 탄소 중립 목표는 대세가 되며 더욱 가속화될 전망이다.

2018년부터는 ESG 활동을 하는 기업에만 투자하는 'ESG 투자'가 전체 운용자산의 20~40%를 차지하는 일이 벌어졌다. 글로벌지속가능투자연합(GSIA, Global Sustainable Investment Alliance) 통계에 따르면 전 세계 ESG 투자 규모는 40조 5,000억 달러(4경 4,400조 원)으로, 2018년 30조 6,800억 달러(3경 3,600조 원)와 비교하면 1년 반 만에 31% 증가했다.

세계 최대 자산운용사 블랙록(BlackRock)의 래리 핑크(Larry Fink) 회장은 연례 서한을 통해 "기후변화 리스크가 곧 투자 리스크이며, 이러한 리스크 평가를 위해 일관성 있는 양질의 주요 공개정보에

---

[8] 이진백, "[똑똑!ESG ①] ESG, 선택이 아닌 필수적인 생존전략", LIFE IN, 2021.02.12., https://www.lifein.news/news/articleView.html?idxno=11909

접근할 수 있어야 한다."라고 언급하며 환경 지속성과 ESG 공시의 중요성을 강조했다. 이처럼 'ESG를 염두에 두고 책임 있게 투자하겠다'는 기조가 확고한 만큼, 기업은 투자 확보와 주주 이익을 위해서 ESG를 경시할 수 없게 됐다.[9]

---

9   김국현, "세계는 지금 ESG 혁신 중, 다양한 사례를 통해 알아본 ESG 경영", SK하이닉스 뉴스룸, 2021.02.09., https://news.skhynix.co.kr/post/esg-management?gclid=Cj0KCQjw_viWBhD8ARIsAH1mCd5rolgw4sFn692Sl4HYhDg6vSSokrdMR53BCjP4KtVwvdo_CCi24-4aAkMAEALw_wcB

5
ESG 경영의 장애물/미래 기술과 보존가치 융합의 관점

　그런데 앞서 강조된 이해관계자 중에서도 ESG는 철저히 투자자의 관점에 서 있다고 할 수 있다. 그러므로 ESG가 한순간 반짝 유행하다 그칠 현상이 아니라 기업과 자본시장을 뒤흔들고 장기적 변화를 가져오게 만드는 동력이 될 수 있다고 전망하는 이들이 많다. 세계 최대의 자산운용사인 블랙록(BlackRock)뿐만 아니라 일본공적연금, 네덜란드국부펀드, 한국국민연금을 비롯한 보편적 투자자(universal investor)들은 수익성과 안정성을 위하여 국내뿐 아니라 해외 다양한 자산에 대해 광범위한 분산투자를 행한다. 이에 따라 이들 포트폴리오의 성과는 전 세계 경제의 성장과 밀접한 관계를 가지게 된다.

　일례로 지구온난화가 현 추세로 계속된다면, 전 세계 자산가치가 30% 폭락할 것이라고 예측하고 있다. 따라서 그동안 외면해왔던 환경 등 외부효과(externality)를 내재화하여 장기적 투자성과를 제고하고자 한다. 이것이 바로 자본시장이 소위 비재무적 가치라 생각했던 ESG

를 강조하고, 이를 고려하는 이유이다.

　지금 한국에서 벌어지고 있는 현상을 보면, 자본시장 투자자들이 먼저 기업재무적 변동성 확대로 비재무적 리스크에 대한 관심이 커지고 기업들에 ESG 공시 요구를 하고 나선 글로벌 상황과 달리 기업들이 선제적으로 움직이고 있다. 이는 한국의 대기업들이 해외 투자자들에게서 투자를 받고 있고, 이로 인해 ESG 이슈 관련 주주권 행사에 직면해 왔기 때문일 것이다.

　하지만, 한국의 자본시장 관계자들에게 들어보아도 여전히 한국 기업들의 ESG 경영 활동에 대한 평가는 아주 냉담하였다. 화려하고 긴 보고서에도 볼만한 알맹이는 없고, 실제 기업경영이 얼마나 바뀌었는지 의문이라는 것이다. 특히 서구와 달리 이해관계자를 중시하는 풍토가 자리 잡지 못하여 권리 보호 및 구제수단이 미약하고, 손해배상 범위도 기업가치에 영향을 미치지 못하였기에 ESG 대응이 부족했다는 것이다.

　이제 투자자들은 그동안 GRI(Global Reporting Initiative) 등에 기반한 지속가능경영보고서뿐만 아니라 투자자들에게 특화된 추가 정보 제공을 요구하고 있다. TCFD(Task Force on Climate-Related Financial Disclosures, 기후관련 재무정보공개 협의체)처럼 기후관련 재무정보 공개가 유엔 책임투자원칙의 의무가 되고 있고, 한국국민연금도 이와 함께 하고 있다. 블랙록(BlackRock)도 투자사들에 보낸 연례서한에서 볼 수 있듯이 넷 제로에 대응하기 위한 계획을 제출하도록 요구하고 있다.

코로나 등 환경변화가 큰 시점일수록 ESG 관리 등 지속가능경영 전략이 급속히 재평가될 것이다. 투자자들이 중시하는 TCFD나 SASB(Sustainability Accounting Standards Board, 지속가능회계기준 위원회) 등의 보고 틀을 따르면, 리더십과 거버넌스, 경영전략, 비즈니스 모델, 지표와 목표, 위험관리, 운영 및 성과, 이해관계자 등에 대해 체계적으로 보고해야 해서 대충 세탁(washing)하고 넘어갈 수가 없다. 특히 기업의 실무자들은 이러한 세세한 내용을 알고 나니 기업 전체의 가치사슬(value chain)이 바뀌어야 제대로 할 수 있다는 생각에 엄두가 나지 않는 것이다. 환경문제만 해도 크게 원재료, 제조과정, 배송과 폐기에 이르기까지 전반에 걸쳐 있고, 무엇을 중시하여 우선 손대야 할지 결정하여야 한다. 기업을 변혁하기 위한 ESG 경영이라면, 예산과 전담조직, 충분한 역량이 투입되어야 하며, 이는 CEO가 결단해야 할 사항이다.

이러한 흐름에 대응하기 위하여 금융위원회는 2025년까지 ESG 책임투자 활성화를 위한 제도적 기반 조성을 위하여 단계적 의무화를 하겠다는 입장을 밝혔다. 2025년부터 자산 2조원 이상, 그리고 2030년부터 전 코스피 상장사들의 ESG 관련 지속가능경영보고서 공시를 의무화하겠다는 것이다. 그런데, 많은 이들이 이 일정이 너무 늦어 한국 기업들이 글로벌 공급사슬에서 소외되고 투자가 저해될 것을 우려하며 신속한 진전을 요청하고 있다.

　ESG의 급속한 전개를 보면서도 여전히 우리는 구시대로 되돌아갈 것인지, 뉴노멀을 만들 수 있을지 질문을 던진다. 새로운 대전환을 위해서는 과거와의 단절이 필수적이다. 경제적 가치 일변도의 성장지상주의가 무너지고, 불평등의 현실에 놓인 지금 공의의 실현, 사회적 가치 창출, 지속가능경영, 포용성장이라는 새로운 가치 전환을 이루어 낼 수 있을 것인지? 이에 따라 개인과 기업들의 행동이 변화하고 이것이 습관이 되고, 문화로 정착될 것인가? 물론 이를 뒷받침하도록 법, 제도의 정립과 정책 변화가 함께 이루어져야 한다. 한국 사회는 이러한 길로 가고 있는가? 결국 그 대답은 우리의 선택과 행동을 통해 만들어질 것이다.

　결국 ESG에서 투자자들이 새로이 추가적인 정보를 요구하는 것은 기왕의 재무제표들이 기업의 가치를 정확히 반영하지 못하기 때문이다. 재무적 지표만으로는 기업이 창출하는 가치 그리고 부(負)의 가치 등을 나타내지 못하기 때문에, 사회적 가치를 비롯하여 환경 등 비재무적 지표들에 대해 자세히 요구하고 나선 것이다. 사회적경제, 사회적 금융, 임팩트 투자가 일궈 온 사회적 가치에 대한 측정, 평가 체계에 대한 논의는 ESG의 활동 및 성과보고에 있어서도 기반이 된다.
　기업이 ESG 경영을 추구함에 있어서도 주요 이해관계자들을 정의하고, 그들의 요구를 정확히 조사하고, 중대성 원리에 따라 중점 우선 영역을 정함에 있어서도 그간의 사회적경제가 해 왔던 활동들이 도움을 줄 것이다. 특히 임팩트 투자자협의체 등을 통해 지속적으로 개발되어야 온 사회성과지표들을 ESG에 있어서도 KPI(Key Performance Indicator, 핵심성과지표)로 활용될 수 있고, ESG 경영을 체계화시킬 것이다. ESG의 전개와 함께 사회적 가치에 대한 인식과 그 내용 그리고 성과 평가도 비약할 수 있을 것으로 전망된다. 앞으로도 사회적경제, 영리기업, 자본시장 관계자가 함께 사회적 가치 측정과 보고시스템을 표준화하기 위해 협업하여야 한다.

기업은 사회라는 땅을 기반으로 성장한다. 고객 그리고 사회의 문제를 해결하고자 하는 기업의 사명이 씨앗이 되어 이 땅에 떨어지고, 공동선과 경제적 수익을 추구하는 뿌리를 내려 사회가치경영이라는 몸통으로 자라나게 된다. 경제적 가치와 사회적 가치를 함께 창출하고자 하는 기업의 정책과 실행, 역량들은 가지로 뻗어나서 결국 경영성과라는 열매를 맺게 해 준다. ESG는 기업이라는 나무의 열매를 점검하고, 가지치기해 줌으로써 지속성장할 수 있도록 해 주는 도구로서 대단히 유용하다. 사회적 가치와 경제적 가치를 함께 창출하기 위해 경영시스템을 변화시키도록 하는 데, 큰 도움을 줄 수 있을 것이다.

지구와 사회, 그리고 기업과 같은 사회경제조직체들의 근본적인 지속가능성 제고를 위해서는 기업의 기반이 되는 사회라는 토양을 기름지게 하고, 때론 가시덤불과 자갈과 같은 장애물들은 기경(흙갈이)하는 것이 필요하다. 땅이 나무를 자라게 하지만, 나무들을 심음으로써 땅과 자연이 더 풍요로워진다. 제도혁신가들인 사회적경제인들은 인간들의 자립, 자조, 자유를 위해, 공의가 강물처럼 흐르도록 하기 위해 대지에 땀을 뿌리며 나무를 길러 왔다. 이제 새로운 시대에 새로운 가치에 우리의 눈이 열리도록 땅을 갈아엎고 비옥하게 하여, 나무들이 지속가능하게 성장하여 인간과 사회를 이롭게 하도록 만들어 가야 할 것이다.[10]

10 김재구 명지대학교 경영대학 교수, "[똑똑! ESG⑥] ESG의 등장과 사회적경제의 과제", LIFE IN, 2021.03.21., https://www.lifein.news/news/articleView.html?idxno=12114

6
ESG 투자 확대가 노동시장에 미치는 영향

　ESG 투자와 경영 전략에 대해서 노동조합은 어떻게 대응해야 하는가. CSR(기업의 사회적 책임), ISO26000 등 유사한 기업(조직)의 경영 패러다임이 논의될 때마다 한국의 노동조합운동은 뜨뜻미지근한 반응을 보였다. 그리고 사회책임이나 지배구조에 보내는 관심에 비해 기후변화에는 거의 관심이 없었다고 해도 과언이 아닐 것이다. CSR, ISO26000이 그냥 그렇게 지나갔듯이 ESG도 그냥 그렇게 지나가리라 생각한다면 잘못된 판단이라 생각한다. 특히 기후변화와 관련한 친환경 에너지, 산업 정책은 먼 미래의 얘기도 아닌 게 현실이다.

　'그린뉴딜'이 노동조합에게 미칠 영향도 적지 않을 것이다. ESG 가치는 노동조합과 환경단체 그리고 시민단체와 함께 '연대'할 수 있는 미래 의제라고 생각할 수 있다. 이렇듯 대한민국 정부는 ESG를 정책과 제도로 공공기관에 적용하고 있고, 기업은 경영 전략으로 녹여 내고 있다.[11]

---

[11] 이명규 한국노동사회연구소 부소장, "ESG 경영과 노동조합의 과제", 금속노조노동 연구원, 2021.04.27., http://www.metalunion.re.kr/bbs/board.php?bo_table=B05&wr_id=156

MSCI ESG 평가를 통해 기업의 노동 가치를 측정해 볼 수 있다. MSCI ESG 평가항목 중 노동과 관련된 Key Issues는 크게 네 가지로 구분할 수 있다.

첫째는 Labor Management다. Labor Management는 노동자 권리확보를 위한 기업의 체계와 노력 및 그에 따른 영향(strike 발생 여부, 이직률 등)을 평가한다. 노동자는 정당한 급여와 복지를 받고 노조를 통해 보호를 받을 수 있는 권리를 가지고 있다. 노동자 권리는 기업의 실체적 노력을 통해 보장받을 수 있다.

둘째는 Health & Safety이다. 노동자는 안전한 노동현장에서 일할 수 있는 권리를 가진다. 회사가 노동자의 건강과 안전을 위해 어떤 조직을 가지고 있고 어떠한 노력을 하고 있는지 평가한다. 또한 건강과 안전 문제가 발생할 것으로 우려되는 지역에서의 사업 비중과 매출 비중을 측정하고 기업 관리 여부를 평가하여 점수를 산정(정량화)한다.

세 번째, Human Capital Development를 통해 고용된 노동자의 업무 숙련도 및 경험 향상을 위한 기업의 정책, 프로세스 등을 측정하고 그 결과를 기반으로 기업의 인력개발과 고용안정을 평가한다. 이를 통해 기업 생산성의 지속 가능성을 평가할 수 있다.

네 번째, Supply Chain Labor Standard 평가는 협력업체 등 공급망 전반에 걸친 노동자 인권, 권리, 급여체계 등을 살펴보고 기업이 공급망 근로자에 대한 책임 여부를 평가한다. 글로벌 기업들이 대부분 방대한 공급망을 가지고 있는 상황에서 자체 노동인력뿐만 아니라 공급망 전체에 대한 노동 평가가 이루어져야 할 필요가 있다. 'Supply

Chain Labor Standard' Key Issue 평가항목 중 '노동자 관리를 위한 정책 및 현실적인 프로세스 보유 여부'를 협력업체 선정 시 검토하는가에 대한 내용이 있다. 즉 협력업체 선정 단계부터 노동자 관리 여부를 살펴야 한다.

MSCI 노동 Key Issues 중 Labor Management 부문에서 높은 평가를 받기 위해서는 노동자의 권리보장이 가장 중요한 항목이다. 실제로 Labor Management에서 점수가 높은 회사를 보면 원유, 가스, 광물 등을 생산하는 기업들이 많다. 산업의 특성상 노조 설립이 용이하기 때문이다. 반면, 점수가 낮은 회사들은 노조가입 비율이 낮고 노동자 권리보장이 부족한 회사들로 구성되어 있다. Labor Management 하위 회사들 중에 Apple이 포함되어 있다.

Health & Safety에서는 생산현장에서 발생하는 노동자의 건강과 안전이 가장 중요한 평가 항목이다. Health & Safety 부문에서 평가가 높은 회사는 ESG 평가에서도 높은 등급을 받는 것으로 나타난다. 평가 하위 그룹은 건설과 물류 산업에 속한 기업이 다시 포함된다. 산업의 특성상 노동자 건강과 안전이 중요한 이슈가 되는 산업군이다.

팬데믹 이후 노동자 문제는 더욱 심각해졌다. 특히, 노동자의 불안전한 고용에 따른 불평등 구조가 확대되었고 보건 및 안전과 정당한 보상 그리고 노동자 권리를 보호하기 위한 적절한 보호 장치가 부족하다는 점이 더욱 심화되어 나타났다. 문제의 부각뿐만 아니라 코로나19 이후 임시, 저숙련 노동자가 필수 노동자로 바뀌면서 일어나는 변화와 영향이 다양해지고 있다. 팬데믹으로 인한 노동자에 대한 직접적인 영향은 기업의 행동에 영향을 주었다. 가장 직접적인 영향은 해고와 근무시간 단축이다. ILO에 따르면 2020년에 2019년과 비교하여 세계적으로 노동시간이 10.7% 감소했고 이는 약 3억 5천만 개의 정규직 일자리에 해당한다. 실직으로 인해 기업은 생산성이 줄어들었고 가계는 빈부격차가 확대되었으며, 정부는 예산 지출이 급증하는 영향을 받았다.

투자자 입장에서 노동 관련 이슈는 직접적인 투자 위험으로 작용할 수 있다. 관련 소송 비용 증가, 운영 및 평판 위험 확대로 기업 매출이 감소할 수 있다. 이러한 위험에 대하여 PRI(Principles for Responsible Investment)에서는 투자 기업을 고려할 때 다음과 같은 질문이 필요하다고 제안하고 있다.

첫째, 건강 및 안전에 대한 고려이다. 회사는 비정규직과 신입사원을 포함한 모든 근로자에게 유급 병가를 제공해야 한다. 또한 노동자에게 충분한 개인 보호장비와 위생용품을 제공하고 감염 보호를 위해 교육을 실시해야 한다는 것이다. 둘째, 직원 건강 및 웰빙을 위한 지원이다. 의료 접근과 실업 보호, 요양과 휴가 등 사회적 보호를 위해 지원을 늘려야 하고 육아 및 가족 부양을 위해 고용주의 노력이 필요하다. 셋째, 노동자 권리 확보를 위한 제도 마련이다. 특히, 노동조합을 결성하고 노동자의 권리를 적극적으로 요청할 수 있는 권리가 확보되어 있는가에 대한 고려가 필요하다는 판단이다.

직원만족도를 높이기 위해서는 일반적으로 급여, 복리 후생 조건 등이 경쟁 회사 대비 좋아야 한다. 높은 직원만족도를 위한 기업의 노력은 비용 증가로 이어질 가능성이 높다. 기존 투자 관점에서 보면 비용 증가는 주가가 하락할 수 있는 원인으로 판단할 수 있다. 임금 인상은 주가 하락으로 이어질 수 있다는 관점은 노동자에게 지급된 1,000원이 주주로부터 1,000원을 빼앗는 것으로 보는 제로섬 관점과 일치한다. 최근 삼성전자 주주총회에서도 임금인상에 반대한 주주들이 있었다. 그러나 많은 연구결과에 따르면 직원만족도 향상에 대한 이점이 비용보다 클 수 있다. 직원만족도가 높아지면 생산성이 향상되어 실적이 개선되고 주가가 상승할 가능성이 높아지게 된다. 특히, 주식시장이 불황일 때 직원만족도가 높은 회사의 초과 수익률이 높게 나타났는데 이는 직원만족도가 회사의 위기 대처와 연관될 수 있다는 점을 보여 준다. 그러나 모든 기업이 직원만족도가 기업가치 상향의 원인이 되는 것은 아니다. 산업과 회사 특성별로 직원만족도가 기업에 미치는 영향에 차이가 크기 때문이다. 따라서 노동이 기업 가치에 미치는 영향을 확인하고 이를 근거로 투자하기 위해서는 투자를 판단하기 위한 기준이 있어야 한다.

McKinsey&Company의 연구에 따르면 노동 집약적인 제조업이 다른 분야와 비교할 때 생산성 향상이 이익 증가에 미치는 영향이 가장 큰 것으로 나타났다. 그리고 노동 비중이 큰 산업에서 생산성은 만족도와 경험에 따라서 좌우된다. 따라서 직원만족도가 커지고 이직률이 낮아질수록 생산성이 향상된다. 실제로 남미 기업을 대상으로 한 조사에 따르면 노동집약적인 기업들이 노동 생산성이 향상되었을 때 이익 증가율이 45%가 넘었다. 결국 투자자 입장에서도 장기적인 관점에서는 직원만족도가 투자 수익률에 도움이 될 수 있는 것이다. 투자자들은 회사의 수익성과 성장성을 중요한 투자 척도로 삼는다. 단기적으로는 급여 인상 등이 비용으로 인식될 수 있으나 장기적이며 지속 가능성 관점에서는 직원들의 회사와 일에 대한 만족도가 높을수록 투자 수익률이 개선될 수 있다.[12]

---

12 이광수 애널리스트, "인플레이션과 팬데믹, 노동 가치에 대한 새로운 인식 전환", 미래에셋증권 웹진, 2022.05., http://webzine.securities.miraeasset.com/bbs/board.php?bo_table=MD21&wr_id=187

7
배출권 거래제와 재생에너지가 주는 영향

온실가스 배출권거래란?

교토의정서 제17조에 규정되어 있는 온실가스 감축체제로서, 정부가 온실가스를 배출하는 사업장을 대상으로 연 단위 배출권을 할당하여 할당범위 내에서 배출행위를 할 수 있도록 하고, 할당된 사업장의 실질적 온실가스 배출량을 평가하여 여분 또는 부족분의 배출권에 대해 사업장 간 거래를 허용하는 제도이다.

우리나라 배출권거래제도는 "저탄소 녹색성장기본법('10.1)" 제46조에 의거하여 "온실가스 배출권 할당 및 거래에 관한 법률('12.5)"이 제정되어 2015년 1월 1일부터 시행 중에 있다.

온실가스 감축 여력이 높은 사업장은 보다 많이 감축하여 정부가 할당한 배출권 중 초과감축량을 시장에 판매할 수 있고, 감축 여력이 낮은 사업장은 직접적인 감축을 하는 대신 배출권을 살 수 있어 비용 절감이 가능하다. 각 사업장이 자신의 감축 여력에 따라 온실가스 감축 또는 배출권 매입 등을 자율적으로 결정하여 온실가스 배출 할당량을 준수할 수 있다. 이를 위해 만들어진 제도가 배출권거래제이며 온실가스 의무감축량을 할당받은 사업장(할당대상업체)이 해당 영역(Boundary) 외에서 감축 활동을 수행하고 환경부로부터 인증 받은 배출권을 해당 사업장의 감축량으로 인정하는 제도로, 감축 목표 달성의 유연성 확보를 위한 제도이다.[13]

적용대상은 계획기간 4년 전부터 3년간 온실가스 배출량 연평균 총량이 125,000톤 이상 업체 또는 25,000톤 이상 사업장의 해당업체, 자발적으로 할당대상업체로 지정 신청을 한 업체이며, 관리대상물질은 이산화탄소(CO_2), 메탄(CH_4), 아산화질소(N_2O), 수소불화탄소(HFCS), 과불화탄소(PFCS), 육불화황(SF_6) 6가지 항목이다. 할당방식은 과거배출량 기반 할당(GF, Grandfathering)과 과거활동자료 기반 할당(BM, Benchmark)으로 구분되며, 제1차 계획기간에는 할당량의 100%를 무상으로, 제2차 계획기간은 유상할당 대상 업종 내 기업에 할당되는 배출권의 3%를 유상 할당, 제3차 계획기간은 배출권의 10%를 유상할당했다.

환경부(장관 한정애)는 온실가스 배출권거래제 대상 기업들의 온실가스 감축 참여를 촉진하기 위해 배출량 할당 시 온실가스 감축실적 인정 확대 등을 주요 내용으로 '온실가스 배출권의 할당 및 취소에 관한 지침(2021.12.30. 시행)'과 '배출량 인증에 관한 지침(2022.1.1. 시행)'을 12월 30일부터 일부 개정한다.

---

[13] 한국환경공단, https://www.keco.or.kr/kr/business/climate/contentsid/1520/index.do

배출권거래제도는 3년간 연평균 온실가스 배출량이 12만 5,000톤 이상인 업체나 2만 5,000톤 이상인 사업장을 하나 이상 보유한 업체 등을 대상(현재 기준 710개)으로 기업별 온실가스 배출허용량(배출권 할당량)을 정하고, 온실가스 감축 노력을 통해 남은 배출권을 거래할 수 있도록 허용하는 제도다.

  환경부는 배출권 할당량을 정할 때 과거배출량을 기반으로 하는 경우 미리 자발적으로 온실가스를 감축한 기업은 오히려 할당량이 줄어드는 불이익을 받을 수 있어, 선도적으로 온실가스를 감축하는 경우 해당 감축실적을 할당량에 더해 주는 혜택(인센티브)을 부여해 왔다. 다만, 기업의 경영활동과 직접 관련된 시설 등에서 감축이 있는 경우만 감축실적이 인정되어 기업의 다양한 외부감축 투자를 유인하지 못한다는 지적이 있었다. 따라서 환경부는 한 번 더 개정을 통해 대기업이 중소기업을 지원하여 감축량이 발생하는 경우, 폐기물을 재활용하여 감축이 발생한 경우 등 다양한 분야의 감축활동을 통한 감축실적을 인정하기로 했다.

  예컨대, 대기업(A)이 중소기업(B)의 설비 교체 등을 통해 온실가스 감축을 지원하는 경우 지원받은 업체(B)에서 발생한 감축량을 지원해준 업체(A)가 활용할 수 있게 된다. 또한, 폐플라스틱을 재활용하여 원료 등으로 사용하여 폐플라스틱을 소각하지 않아 발생하는 온실가스 감축량도 감축실적으로 인정받을 수 있다.

이 밖에 할당대상업체가 재생에너지 생산전력을 구매(RE100 이행[14])하여 간접배출량이 제외[15]된 경우도 해당 양을 배출권 할당 시 감축 실적으로 인정받을 수 있다.

나아가 환경부는 추가적으로 폐열을 활용하여 생산된 전력을 공급받는 경우를 간접배출량 산정에서 제외하여 재생에너지 사용을 더욱 유도할 계획이다.

또한, 환경부는 할당업체의 감축부담 완화를 위해 제도개선 외에 직접적인 재정지원도 대폭 확대할 예정이다. 할당업체의 탄소중립 지원을 위해 2022년도 지원사업 예산을 전년(222억 원) 대비 341% 증가한 979억 원으로 편성하고 할당업체가 공정설비 교체, 연료전환 등을 통해 온실가스를 직접 감축하거나 다른 중소·중견기업에 감축설비를 지원(상생프로그램)하는 경우에는 사업비의 50~70%를 지원할 예정이다.[16]

---

14 연간 전력소비량 100GWh 이상 소비 기업이 재생에너지 사용 100%를 목표로 참여하는 자발적 캠페인
15 배출권 할당대상업체가 재생에너지(태양광, 풍력, 수력)에서 생산한 전력을 사용하는 경우 전력 사용에 따른 배출량인 간접배출량에서 제외
16 박지영, "온실가스 배출권거래제, 다양한 감축활동에 혜택 부여", 환경부 보도자료, 2021.12.29.

8
합리적 ESG로 가는 방향

기업의 입장에선 그 기업의 지속 가능성에 무게를 두는데 경제적 신뢰성, 환경적 건전성, 사회적 책임을 바탕으로 경영을 해야 미래에 살아남을 수 있기 때문이다. 실제로 비재무적인 부분인 환경, 사회, 지배구조에서 좋은 평가를 받은 기업이 경영성과도 좋게 나옴으로써 재무적 성과에 긍정적 영향을 준다는 것을 확인하였다. 우리는 글로벌 시대의 변화하는 스피드가 앞으로 한층 더 가속화될 것이라고 예상한다. 벌써 우리는 급격한 기후 변화를 자주 경험하고 있다. 기록적인 폭염, 변이 바이러스의 확산과 미 마이애미 빌딩 붕괴사고, 기후변화로 인한 해수면 상승 등 환경의 변화를 무시할 수 없는 현실에 우리는 놓여 있다. 예상되는 파멸적인 지구 온난화(溫暖化)도 당장 준비하고 손을 쓰지 않으면 2025년 뒤에는 엄청난 어려움이 닥칠 수 있다. 최근의 글로벌 변화는 우리가 감당하기에 조금 벅차지만 4~5년 뒤에는 손을 쓸 수 없을지도 모른다. 한 마디로 발등의 불이 떨어졌다고 할 수 있다. 미 연방 준비 위원회에서 기후변화는 금융위기에 준하는 잠재위협으로 처음으로 언급을 하였고 이에 대한 대비로 금융안정기후위원회(FSCC)와 기후감독위원회(SCC)를 출범시켰다. 교토 의정서의 한계를 극복한 파리기후 협정 체계는 전 세계에게 국제적 협력 강화의 공감대를 형성하였고 온실가스, 탄소배출권과 같은 감축 목표를 나라마다 제시하였고 신재생 에너지에 투자가 확대되고 이로 인한 녹색 금융 활성화는 모든 기업이 나가야 할 방향을 제시하였다. 그러나 상황에 대한 심각성의 공감대 형성이 나라마다 다르기 때문에 쉽지는 않다. 기후 변화에 얼마나 빨리 전환을 할 것인가 아니면 앉아서 당할 것인가의 기로에 기업들은 서 있다. 그렇기 때문에 ESG 경영을 통해 미래를 준비해 나가지 않으면 안 된다는 점이다. 그래서 ESG 경영은 더 이상 미룰 수 없는 현실이 되었고 얼마나 빨리 전환하여 나아가는가가 나라의 생존과도 직결될 수 있기 때문이다.

중국과 일본은 한국보다 ESG에 있어서 지배구조 (Governance)쪽에서 변화의 한계를 많이 경험하고 있고 노력을 하고 있다는 점을 알 수 있었으며 한국은 반대로 지배구조 측면은 많은 기간 동안 지배구조 개선을 위해 노력을 해 왔다. 그러나 환경이라는 측면에서는 아직 미흡한 부분이 많고 또한 지역별로 다양한 중소 중견기업에 맞는 가이드라인을 정립하는 문제가 현재 아직 미흡하다고 본다. 탄소중립은 2020년 10월 28일 한국은 한국판 뉴딜 2.0의 하나인 그린 뉴딜 2.0으로 진행을 했으며 일본의 예를 보듯이 인권중심의 다양성 경영으로 이해관계자 자본주의 중심에서 변화하고 있으며 기업의 사회적 가치의 중요성도 언급이 되고 있다. 또한 투명 경영, 윤리경영이라는 이름으로 합리적이고 건전한 지배구조를 통한 책임 경영이 대두되고 있다. 이 같은 노력이 위로부터 빠르게 진행되고 있다. 대부분 대기업 위주의 변화을 시도하고 있지만 앞으로의 연구 방향은 지방 중소기업들이 지역에 특화된 산업을 중심으로 어떻게 쉽게 ESG를 이해하고 이를 통해 중소, 중견 기업들이 올바르게 미래를 준비 운영할 수 있도록 ESG 가이드라인에 대한 제안과 국가적인 맞춤 ESG 정책에 대한 연구가 있어야 한다. 또한 앞으로 국제적으로 통일된 ESG 정의와 함께 중소기업과 관련된 ESG 경영에 대해 구체적으로 알아봐야 한다. 또한 지역별로 특화되어 있는 중소, 중견기업들에 맞는 실증적 연구가 추가적으로 이뤄짐이 바람직하다고 본다. 최근의 글로벌 공급망 붕괴 등을 볼 때 앞으로는 ESG 평가에서 지속 가능한 공급망 관리라는 점에서 지역에 특화된 중소기업들에 대한 ESG 대응이 매우 중요하게 평가되고 관리되어야 한다고 본다. 이러한 뒷받침이 올바로 되어야 앞에서 언급한 한국의 지자체 ESG 평가에서 본 것처럼 지자체와 중소기업 그리고 대기업이 빠른 시일 내 서로 시너지 효과를 발행시켜서 서로 상생해 나가는 미래의 모습을 만들어 가야 하고 그래야 미래의 시장을 보다 빠르게 선점해 나갈 수 있다고 본다.[17]

2021년 12월 산업통상자원부는 'K-ESG 가이드라인'을 발표했다. 다양한 이해관계자의 의견을 반영해 ESG 이행과 평가의 핵심·공통사항을 도출하고 환경(E) 분야 17개 항목, 사회(S) 분야 22개 항목, 지배

---

[17] 「지역산업연구」 제44권 제4호, 경남대학교 산업경영연구소, 2021.11., pp.263-291.

구조(G) 분야 17개 항목으로 만들었다. 그동안 국내에서는 환경(E)보다 사회(S)나 지배구조(G)에 대해 상대적으로 관심이 높았다. 지금은 E〉S〉G 순으로 관리해야 할 중대성이 달라졌다고 봐야 한다. 예를 들어 기후 관련 이슈들은 글로벌 전 지역에서 감지되고 있다.

ESG의 실천을 위해서는 먼저 기업들에 소속된 임직원이 ESG형 인재가 되어야 한다. 기업은 인재가 가장 큰 자산이다. '사회문제 인식(E)', '사회적 기여(S)', 이를 실천하기 위한 '개인의 보유역량(G)'이 지수화되어 유능한 인재 선발의 기준이 되어야 한다. 최근 모기업 직원이 수천억 원 공금횡령으로 인한 기업 존폐에 영향을 미친 사건과 재벌가의 오너리스크 사건은 커다란 손실을 초래했다. 그러나 ESG는 나와 무관한 기업만의 이슈가 아니라 모든 이가 스스로 실천해야 할 사항이다.

그동안 국내에서는 주로 기업의 지속 가능 측면에서 실천을 강조해왔지만, 이제는 모두가 실천해야 하는 항목이다. 특별히 탄소 저감을 포함한 환경친화적 행보는 이제 모두의 공통과제이다. 가정에서도 저탄소 제품 구매하기, 음식물 쓰레기 줄이기, 고효율 가전제품 사용하기 등을 실천할 수 있다. 기업에서도 녹색제품 구매제도 이용하기, 종이 없는 회의 활성화하기, 승강기 격층 운행 등 쉽게 실행할 수 있는 수칙들이 많다. 금융계에 따르면 ESG를 실천하면 우대금리를 주는 은행이 많은 것은 반가운 일이라고 할 수 있다.

ESG는 업종마다 이슈 사항이 상이하므로 직접적인 영향이 있는 부분을 모두 정의하기는 어려운 건 사실이다. 따라서 ESG는 이해관계자와의 상호의존관계로 연대감이 중요하다. 건설업의 경우 온실가스배출과 이산화탄소배출의 비중이 타 산업에 비해 높지만 폐기물 발생, 분진 발생 등 환경 이슈에 노출되어 있다. 대표적으로 광주에서 발생했던 모 기업의 아파트 부실 공사로 인한 영향은 ESG 측면에서 많은 시사점이 있다. 따라서 ESG 분석대상이 대한민국 산업 전반에 관련된 점을 감안해 정부 차원에서도 다양한 이해관계자와 협업 할 수 있는 여건을 마련해 줘야 한다.

현재의 행동이 미래를 만들기 때문에 ESG경영은 이미 다가온 우리의 미래다. 변화와 적응에는 수고가 따르기 때문에 누구나 변화를 좋아하지는 않는다. 다소 힘들고 고통이 수반되어도 미래를 향해 나아가야 하는 현실 앞에서 ESG경영은 선택이 아닌 필수다.[18]

---

[18] 류만선, "[기고]ESG경영은 우리의 미래다", 원주신문, 2022.01.03., https://www.iwjnews.com/news/articleView.html?idxno=46057

CHAPTER 2
조직 전반의 기조에서 평가되는 ESG

목차 미리보기

9	기업경영의 지속가능성을 위한 ESG 평가
10	ESG의 평가 체계
11	ISO 표준과 ESG
12	ESG 경영과 컴플라이언스
13	한국형 지표, K-ESG의 시작

9
기업경영의 지속가능성을 위한 ESG 평가

ESG는 기업 재무제표에는 드러나지 않지만, 중장기적 기업 가치에 막대한 영향을 미치는 지속가능성 평가 지표이다. 막연히 환경과 사회, 지배구조의 기준에 부합하는 좋은 일을 해야 한다는 당위성이 아니라 기업의 지속가능성을 개선하는 기준으로 볼 수 있다. 과거엔 기업의 이익 중 일부를 좋은 일에 사용하는 것이 최선이었다면, 지금은 착하게 버는 과정을 투명하게 공개하고 준수하는 것이 더욱 중요해진 것이다. 이것이 ESG와 기존의 사회공헌 활동과의 차이라고 볼 수 있다. 즉, '사회공헌활동(CSR)'은 기업의 관점에서 사회적 책임을 완수하기 위한 활동을 경영에 통합시키는 것이라면, ESG는 투자자의 관점에서 사회적 책임을 다하는 기업에 투자하기 위한 정보를 말한다. 다시 말해 CSR은 기부나 후원 등의 자발적 돕기 수준으로 기업 경영을 책임감 있게 만드는 것을 목표로 하지만, ESG는 기업의 행동이 미치는 영향 등을 구체화하고 그 노력을 측정 가능하도록 지표화하여 투자를 이끄는 것이다. 또, CSR보다 진화된 개념인 '공유가치창출(CSV)'은 기업과 지역 사회가 상생하는 개념으로 볼 수 있다. CSR은 선행을 통해 사회에 기업의 이윤을 환원하는 것이고, CSV는 기업의 비즈니스 기회와 지역 사회의 니즈가 만나는 곳에 사업적 가치를 창출하여 경제적·사회적 이익을 추구하는 것이다.

결론적으로 ESG 평가가 높을수록 단순히 사회적 평판이 좋은 기업이라기보다 리스크에 강한 기업이라 할 수 있다. 기업이 직원과 고객, 환경, 사회단체 등 모든 이해관계자들을 위한 가치를 만들어 냄으로써 기업의 가치를 높이고, 이를 통해 코로나19 사태와 같은 위기 상황에서도 충분히 대처할 수 있는 경쟁력을 갖추게 된다.

이윤 추구를 위한 비용 절감과 효율을 최우선으로 하는 전통적인 경영 방식으로는 더 이상 변화에 대응할 수 없다. 사회적 책임과 의무를 다하면서 이익을 추구하는 ESG 경영은 단순한 마케팅이나 기업 홍보를 위한 기부나 자선 활동이 아닌 명확한 비전 아래 기업 가치를 높일 것을 강조한다. ESG 경영의 주된 목적은 착한 기업을 키우는 것이 아니라 불확실성 시대의 환경, 사회, 지배구조라는 복합적 리스크에 얼마나 잘 대응하고 지속적 경영으로 이어 나갈 수 있느냐 하는 것이다. 지속적인 성장을 보장받을 수 있는 기업은 환경과 사회문제의 해결을 위해 앞장서며 투자자들의 장기적 수익을 추구하고, 기업활동이 사회적 이익에 긍정적인 영향을 줄 수 있는 기업이다. 그러므로 각 기업은 ESG에 대한 올바른 이해와 이를 어떤 방식으로 경영에 접목하고 투자에 활용해야 할 것인가를 고민해야 한다.

투자자들은 환경과 재무적 요소를 동시에 고려하여 매출액이 증가하면서도 탄소 배출량은 감소하는 기업에 주목하고, 다양한 ESG 활동을 통해 사회적 문제 해결에 적극적인 기업의 가치를 높이 평가한다. 또, 조직문화 개선과 이해관계자와의 협력을 통해 가치를 창출해 낼 수 있는 선순환 구조를 갖춘 기업의 가능성을 중요하게 여긴다. 이와 함께 예측할 수 없는 미래 환경에 대비해 적극적으로 디지털 기술을 도입하여 리스크를 효과적으로 관리해야 한다. 이를 위해서는 보다 정확하고 체계적인 ESG 경영 활동을 통해 다양한 방식으로 ESG 성과를 수치로 나타낼 수 있는 ICT 기술 도입이 필수이며, 특히, 인공지능과 클라우드로 친환경 에너지와 사회공헌 역량을 관리하거나, 이사회의 전자투표 시스템과 CMS 자산관리 서비스 등으로 지배구조 역량을 강화해 나가야 한다.[19]

ESG를 볼 때 정답이 없다고 한다. 환경(E), 사회(S), 지배구조(G) 모두를 볼 때 정해진 정답은 없다. 그렇다면 ESG는 협력사들에 대해 평가하고 있다. 과거 김장철 때 사회적 책임을 다하는 것처럼 ESG 경영에 대해 도입과 평가를 받을 수 없다. 핵심 요소로는 기업의 비즈니스 전략(재무적) 성장 전략(비재무적)이 통일되어야 한다. ISO 경영 시스템처럼 리더가 가장 중요하다. 직원들에게 인식시키고 장려시켜야 한다.

ESG 평가항목은 다양하고 넓다. 그 산업 그 기업의 리스크의 우선순

---

19 효성 FMS 편집팀, "[비즈 트렌드] ESG 뜻은? 지속가능 경영을 위한 ESG 경영", 효성FMS 뉴스룸, 2021.07.28., https://www.hyosungfms.com/fms/promote/fms_news_view.do?id_boards=13640

위를 찾아서 그런 부분을 ESG 경영 전략과 대응조치를 해야 한다. 그래야 ESG를 도입할 수 있다. 조직에 적합한 핵심 성과지표를 찾아야 한다.

기업의 문화에 ESG가 통합되어야 한다. 정보와 ESG 결과 등을 공개해야 한다. 만약 공개하지 못한다는 것은 제대로 되지 않고 있다는 것이다. 투명한 정보공개가 ESG의 완성이다.

10
ESG의 평가 체계

탄소정보공개프로젝트 CDP(Carbon Disclosure Project)

탄소정보공개프로젝트 (The Carbon Disclosure Project , 이하 CDP라 칭함)는 투자자를 대신하여 주요 기업의 온실가스 관련 정보를 공개하도록 요구하고 공개된 정보에 근거하여 각 기업의 온실가스 관련 리스크를 파악하여 투자 결정의 자료로 이용하고자 하는 영국에 본부를 둔 비영리 민간기구이다. 최근 CDP 한국위원회가 정식 활동을 시작하면서 국내에서도 관심을 끌고 있다. 이곳에서는 CDP Climate Change, CDP Water, CDP Cities, CDP Supply Chain, CDP Forest, CDP Carbon Action Initiative 총 6개의 분야로 나누어져 활동을 이끌어낸다. 순서대로 기후변화, 수자원, 도시, 공급망, 산림, 탄소행동 이니셔티브를 의미하며 이렇게 나누어진 환경을 지키기 위해 기업에서 어떤 노력과 다양한 활동을 진행했는지 데이터로 증명해 주어야 하는 것이다.

CDP 활동은 2003년 총 4.5조 달러를 운용하는 35개 금융기관의 서명으로 FT 500 기업에 최초의 질문서를 보냄으로써 시작되었다. 질문서의 내용을 보면, 우선 온실가스 관련 위험 요인과 기회 요인에 대해서 기업의 시각을 묻고 온실가스 배출 현황 및 대응책이 무엇인지 그리고 온실가스 감축 성과나 목표 달성에 대한 사항을 묻는다. 그리고 마지막으로 책임, 개별적 실적, 의사소통, 공공정책 등 거버넌스 관련 질문을 던진다. 385개 기관(57조 달러)의 서명으로 세계 3,000개 기업에 질문서를 보내 1,550개 기업이 응답하였고 이를 분석 평가하여 "Carbon Disclosure Leadership Index, CDLI"를 발표하였다. 이에 대한 자세한 분석 결과는 CDP 웹사이트(www.cdproject.net)에서 확인할 수 있다. 이렇게 얻은 정보는 금융기관에게 여러 용도로 이용될 수 있다. 금융 상품의 개발이나 기업의 Engagement에 활용할 수도 있고 기업 관련 Research를 위한 기초 자료로 쓸 수 있다. 가장 좋은 예는 JP Morgan사가 CDP로 얻은 각 기업의 정보를 분석하여 기업의 기후변화 리스크를 수치화하는 JENI-Carbon Beta라는 지수를 개발하여 투자 심의에 활용하고 있는 것이다.[20]

CDP는 전 세계 91개국에서 수행되고 있는 글로벌 기후변화 프로젝트이다. 전 세계 7,000개가 넘는 기업이 CDP를 통해 온실가스 배출량, 기후변화로 인한 위기와 기회, 탄소경영전략을 공개하고 있다. CDP(탄소정보공개프로젝트)는 영국의 비영리 국제조직으로서 세계

---

20 양춘승, CDP한국위원회 상임부위원장, 한국사회책임투자포럼 상임이사, https://kosif.org/

각국의 기업과 도시를 대상으로 필수적인 환경 정보에 대해 측정, 공개, 관리 및 공유 할 수 있는 국제 시스템을 제공하고 있다. 현재 주요 연기금을 포함하여 78조 달러의 규모에 달하는 655개 금융기관이 CDP의 서명기관으로 참여하여 CDP를 통해 전 세계 기업의 온실가스 배출량, 기후변화대응 평가, 물 위험과 기회 등의 기후변화정보를 제공받고 있다. CDP는 현재 전 세계에서 가장 많은 기후변화 및 물 환경 정보를 수집하고 있으며 이를 통한 통찰력을 바탕으로 조직의 경영 전략 및 정책 조정, 투자 등에 관여하고 있다.[21]

2005년 발효한 교토의정서에 따라 Annex I에 속한 국가들은 온실가스 저감 목표를 설정하고 2008년에서 2012년 사이에 그 목표를 달성하도록 되어 있다. 그러나 그렇지 않은 나라에서는 온실가스 저감 목표의 설정과 이행을 주저하고 있는데, 이는 온실가스 저감 목표를 강요하면 자국 내의 다국적 기업이 다른 나라로 이전해 가는 것을 두려워하는 것에서도 기인한다. 따라서 국가별 감축 목표도 중요하지만 기업 별로 온실가스 저감에 대한 경영 방침을 확인하고 투자자로서 개별 기업의 리스크와 기회 요인을 파악하는 것이 현실적으로 더 큰 의미를 가지고 있다고 보는 것이다. 우선 온실가스 관련 위험 요인과 기회 요인에 대해서 기업의 시각을 묻고 온실가스 배출 현황 및 대응책이 무엇인지 그리고 온실가스 감축 성과나 목표 달성에 대한 사항을 묻는다. 그리고 마지막으로 책임, 개별적 실적, 의사소통, 공공정책 등 거버넌스 관련

---

21 kosif, https://kosif.org/cdp/

질문을 던진다.

투자를 위한 결정에 필요한 CDP

"측정할 수 없는 것은 통제할 수 없다(We can not control what we can not measure)."라는 말이 있다. 인위적인 온실가스의 축적으로 일어나는 기후변화에 적절히 대응하기 위해서는 우리가 얼마나 많은 온실가스를 배출하고 있는지, 또 어떻게 이를 줄일 수 있는지에 대한 데이터를 확보하는 일이 가장 중요하다. 한 국가 단위에서 얼마만큼 온실가스를 배출하는가를 파악하는 것은 전체적으로 투입된 에너지원의 종류와 양을 알면 그리 어려운 일이 아니다. 그러나 개별 기업이나 가구 혹은 개인이 배출하는 온실가스를 측정하는 일은 생각만큼 쉬운 게 아니다. 같은 소고기라도 미국산과 국산, 사료 먹인 소와 풀 뜯어 먹은 소에 따라 각기 포함된 온실가스의 양이 다르다. 구체적이고 실효적인 온실가스 관리를 위해서는 이러한 기초 통계의 파악이 가장 필수적이다.

이런 관점에서 CDP는 투자자들의 입장에서 자신들이 투자하는 기업에게 기후변화와 관련된 경영정보를 공개하도록 요구하는 것으로 투자를 위한 올바른 의사 결정을 하기 위해 절실히 필요한 일이다. CDP의 보고에 따르면 산업별로 기후변화로 인한 매출이 20% 이상 줄어드는 경우도 있다고 한다. 정보 공개를 요구받는 기업은 귀찮다고 생각할 수 있으나 이를 통하여 자신의 위험과 기회를 점검하고 점차적인 온실가스 감축 노력을 통하여 투자자들과 고객들에게 저탄소 이미지를 만

들어 간다면 이는 장기적으로 기업의 지속가능성을 담보하는 지름길이 될 것이다.[22]

다우존스 지속가능경영지수 DJSI(Dow Jones Sustainability Indices)

DJSI는 다우존스 지속가능 경영 지수(Dow Jones Sustainability Indices)의 줄임말이다. DJSI는 1999년 생성된 지수로 ESG 평가에 있어 글로벌에서 가장 공신력 있는 지수로 인정받고 있다. 글로벌 금융 정보기관인 S&P Dow Jones와 Robeco Sam사(지속가능 관련 투자 기관)이 파트너십을 맺고 글로벌 상위 2,500여 개의 기업 지속가능성을 해마다 평가하고 있다.

한국의 경우, 한국생산성본부가 2009년부터 DJSI KOREA와 공동 개발하여 기업들을 평가하고 있다. 평가 방법은 국내 200여 개 기업에 초청장을 발송하여 지속가능 평가 ESG 평가 참여 여부를 묻는다. 온라인 설문, 회사 발간자료 수집, 각종 언론 미디어 자료 모니터링, 관련 업계의 벤치마킹 피드백 등을 통해 이루어진다. 이 중 벤치마킹 피드백이 특히 중요하게 여겨지며 공통 설문과 산업별 설문으로 이루어진다. 회사 발간자료에는 지속가능 경영보고서, 환경보고서, 사회공헌 백서, 기업이 공개한 기타 자료 등이 참고된다.

---

22 kosif, https://kosif.org/cdp/

경제정의지수(KEJI index)

KEJI Index는 2012년부터 정성평가 항목을 제외하고 정량평가만으로 평가하고 있으며, 각 항목별 점수 부여 시 평점화와 등급화를 동시에 사용한다. 반면 KCGS ESG 평가는 정량평가를 기본평가와 심화평가로 구분하여 수행하고, 일부 기업에 대해 정성평가를 활용함으로써 KEJI Index에 비해 평가방식이 상대적으로 더욱 다양한 반면, 각 항목별 점수 부여에 있어서는 등급화 위주로 이루어져 상대적으로 단순한 방식의 평가로 진행된다.

평가항목 모두 재무성과가 아닌 비재무성과를 중심으로 구성되어 있으나, 각 평가지표별 차이 및 평가항목상의 한계점을 가진다. 먼저 차이점의 경우 평가항목의 분류에서 확인할 수 있다. KEJI Index는 세부 평가항목에 대해 비재무성과의 대표적인 분류체계인 ESG로 분류하지 않고 6개 항목을 각각 독립적으로 구성하고 있다. 반면 KCGS ESG 평가는 세부 평가항목들을 ESG로 분류하고 ESG 요소 간 세부 평가항목을 균형 있게 배치하였다.[23]

MSCI(Morgan Stanley Capital International) ESG 평가

MSCI는 2010년부터 ESG 평가를 시작하여 현재까지 약 8,500개 기업들을 대상으로 ESG 평가를 시행하고 있다. 심층기업 리뷰는 연

---

23 이정기, 이재혁, "지속가능경영" 연구의 현황 및 발전방향: ESG 평가지표를 중심으로 23(2), 한국전략경영학회, 전략경영연구, 2020.08.

간 1회 진행하고 있지만 주 단위로 해당 기업의 ESG 활동을 업데이트하여 다양한 이해관계자와 투자자에게 정보를 제공하고 있다. MSCI ESG 평가는 해당 기업들의 홈페이지와 지속가능경영보고서, 기타 공시자료, 정부 및 다양한 NGO로부터 확인되는 데이터베이스 그리고 미디어 리서치 등을 통하여 수집되어 평가된다. 하지만 다른 평가기관과 달리 자체적으로 개발한 설문지 조사 방식은 진행하고 있지 않다. 평가등급은 AAA 등급부터 CCC등급까지 모두 7개의 등급으로 부여된다. 평가지표는 총 37개의 ESG 이슈에 대하여 자체적으로 개발한 지표를 기반으로 평가 대상기업들에 대한 평가를 수행하고 있다.

환경부문은 크게 기후변화와 천연자원, 오염물질 및 폐기물, 환경 관련 기회로 구분된다. 기후변화에 대한 세부항목은 탄소배출, 탄소발자국, 자금조달의 환경영향, 기후변화 취약성이다. 천연자원에 대한 세부항목은 물 부족, 생물다양성 및 토지 사용, 원자재 조달이다. 오염물질 및 폐기물에 대한 세부항목은 유독성 물질 배출, 패키징 원자재, 전력 낭비이다. 마지막으로 환경 관련 기회에 대한 세부항목은 친환경 기술기회, 그린빌딩 기회, 신재생에너지 기회이다. 사회부문은 크게 인적자원, 제품책임, 이해관계상충, 사회적기회로 구분된다. 인적자원에 대한 세부항목은 노무관리, 보건 및 안전, 인적자본 개발, 공급망 근로 기준이다. 제품책임에 대한 세부항목은 제품 안전 및 품질, 화학제품 안전, 금융소비자의 보호, 개인정보 및 데이터 보안, 사회책임투자, 보건 및 인구구조의 위험이다. 이해관계 상충에 대한 세부항목은 논쟁의 원천이다. 사회적 기회에 대한 세부항목은 의사소통 및 재무적 접근성, 의료서비스 접근성, 보건 및 건강 기회이다. 지배구조부문은 크게 기업

지배구조와 기업행동으로 구분된다. 기업 지배구조에 대한 세부항목은 이사회 다양성, 경영진 임금, 오너십과 회계이다. 기업행동에 대한 세부항목은 기업윤리, 비경쟁요소, 세금 투명성, 부정부패 불안정성, 재무관리체계의 불안정성이다.[24]

한국기업지배구조원 ESG 평가

한국기업지배구조원은 높은 투명성과 전문성을 토대로 2003년부터 기업지배구조 평가를 실시해 왔으며, 2011년부터는 사회책임과 환경경영이 포함된 ESG 평가를 통해 매년 국내 상장회사의 지속가능경영 수준을 평가하고 있다. 한국기업지배 구조원의 ESG 평가는 상장회사가 현재 지속가능경영 수준을 점검하고 개선에 활용할 수 있도록 지원하는 것을 목적으로 한다. 평가의 목적은 비재무적 위험과 기회를 관리함으로써 지속가능경영을 실천하고 책임투자시장에 대한 자본의 접근성을 향상함에 있다. 이에 따라 한국거래소 KRX사회책임투자지수 종목 구성으로 활용한다.

한국기업지배구조원의 ESG 평가모형은 OECD 기업지배구조 원칙, ISO26000 등 국제 기준에 부합할 뿐만 아니라 국내 법제 및 경영환경을 충실히 반영하여 개발된 독자적 평가모형이다.

첫째, 환경영역의 경영프로세스 모델로서, 업종에 따른 환경과 환경

24　MSCI 홈페이지, https://www.msci.com/our-solutions/esg-investing/esg-ratings, (재구성)

위험관리 및 성과 평가하고 고려하여, 산업별 환경 민감도를 상, 중, 하로 구분하여 구성하였다. 환경경영체계, 성과, 이해관계 및 대응 수준을 판단한다.

둘째, 사회영역의 이해관계자 모델이다. 이는 기업과 직·간접적 이해관계를 형성한 대상에 중점을 두고 산업분류기준인 WICS로 분리하여 산업별로 이해관계자에게 중대한 사회책임경영 이슈를 고려한다.

셋째, 지배구조영역으로 통제 기능 모델이다. 지배구조가 작동하기 위한 주요 장치별로 분류하여, 일반 상장사 및 금융회사 특화 지배구조 요건을 고려한다. 자산 규모 및 이사회 내 주요 위원회 설치 여부, 세부 금융업권 특성을 고려한다.

이러한 평가체제에 따른 지배구조, 근로자, 협력사, 환경 등 비재무적인 요소가 기업의 가치 및 성장에 미치는 영향 또한 꾸준히 증가하고 있으며, 기업은 재무적 위험뿐만 아니라 비재무적 위험을 관리함으로써 지속가능경영을 실천하고, 성장하는 책임투자시장을 통해 자본에 대한 접근성으로 높일 수 있다.

11
ISO 표준과 ESG

ISO는 ESG 평가관의 평가 못지않게 권위를 가진 글로벌 스탠다드 기관이다. 기업이 ISO 표준에 따라 구체적으로 어떻게 ESG를 실행하는지 기술한다면 ESG에 신뢰성을 담보하는 것에 많은 도움이 된다. 여기서 ISO 14001:2015는 E(환경)를, ISO 45001:2018은 S(사회)를, ISO 37301:2021은 G(지배구조)를 대표한다.

그중 ISO 37301:2021은 모든 부분을 포괄하고 있다. 환경 관련 법과 규정 그리고 안전보건과 관련된 법, 산업재해율, 안전 리스크 관리 등을 모두 포괄하고 있다. ISO 업계에서는 모든 광범위를 포괄하는 끝판왕이라고 한다. 따라서 공통으로 ISO 37301:2021의 구축을 통하여 다양한 법과 규범 등 위반 리스크를 식별하고 낮출 필요가 있다. 국내외 거의 모든 ESG 관련 평가지표에서 법규 준수 여부를 비중 있게 다루고 있고 현대산업개발과 같은 광주 아파트 붕괴사고, 오스템임플란트 대규모 횡령 사건 등과 같이 ESG 평가에서는 좋은 평가를 받기는 힘들다.

대기업은 매년 정기적인 지속가능경영보고서 발간으로 다양한 이해관계자의 요구에 대응하여야 한다. GRI Standard, 자율공시 요구사항, 특정 ESG 평가기관의 평가항목을 반영하여 대응해야 한다. 대기업은 공급망 ESG를 관리해야 한다. 공급사슬에서 최상의 포식자로 그 역할을 다하지 않는다면 그 이미지는 고스란히 대기업에 영향을 미칠 것이다. 외주를 준다고 하여 그 외주 업무에 대한 책임이 경감되거나 위임되는 것은 반드시 아니다. 중소기업과 협력사는 사업 활동과 관련된 법규 준수 및 발주처의 ESG 평가지표에 대응하는 것이다. 특히 환경, 산업안전, 제품안전, 노동, 인권, 정보보호 관련에 집중하여 법규 준수를 하고 그에 따른 우선순위를 정하여 최선을 다해야 한다. 또한, 공공기관은 기재부(공공기관 경영평가, 윤리경영 표준모델 등), 권익위(부패방지 시책평가, K-CP 등), 공정위(CP 등급평가 등)에 집중하여 사업 목적에 맞는 ESG를 연계할 필요가 있다. 윤리경영, 일자리 창출, 공정채용, 인권경영, 노사관계, 안전 및 환경, 지역 상생발전 등에 초점을 맞추어야 한다.

ISO가 ESG를 실행하는 중요한 가이드라인이며 국제 지표를 활용해 ESG 경영 단계를 설명할 수 있다. ESG는 UN의 지속가능발전목표(SDGs)를 17가지 목표를 달성하는 방향으로 나아가야 하며 실행 가이드를 활용해 ESG 경영 활동을 하고 활동 성과를 공개할 내용을 마련해야 하는 것이 중요하다. 기업은 TCFD, ESG Metrics, SASB, GRI Standard와 같은 정보공개 및 보고서 작성 가이드라인을 활용해 ESG 경영 활동을 공개하고, 마지막 단계로 MSCI, DJSI 같은 평가지표로 활동을 평가하고 평가 내용을 바탕으로 다시 SDGs를 기준으로 ESG

경영 방향성을 다시 잡기에 ISO는 ESG 실행 가이드라인으로 중요한 국제 지표이기 때문이다. 그리고 2015년 MDGs 이행 목표 기한이 만료됨에 따라 2030년까지 새로 시행되는 SDGs의 지속 가능한 발전에 관심이 높아지면서 ESG 경영은 선택이 아닌 필수가 되었다.

ESG score에 따라 투자유치 기업평가 등 경영활동에 직접적인 영향을 미치면서 세계적으로 많은 기업이 ESG(환경, 사회, 지배구조) 평가 및 정보공시에 관심을 두고 핵심 경영목표로 설정하고 있다. 유럽연합(EU)은 2018년도부터 500인 이상 모든 기업에 ESG 공시를 의무화하고, 모든 금융회사를 대상으로 의무화를 확대하였다. 우리나라는 2025년부터 자산 2조원 이상의 상장사에 ESG 공시를 의무화, 2030년부터 모든 코스피 상장사로 ESG 공시를 의무화할 예정이다. 이제 ESG는 비단 비재무적 요소로 평가받기는 어려워 보이며, 명실상부한 기업의 가치 평가 표준으로 자리 잡아가고 있는 것이다. 하지만 전 세계 ESG 평가지표는 1,000여개에 이르고 아직은 평가 기관마다 상이한 기준이 국내 현실을 반영하지 못한 경우도 있어 평가를 받는 기업에게 어려움을 주고 있다.

ESG 평가가 보다 객관성과 신뢰성을 갖추기 위해서는 이미 국제적인 합의로 제정된 ISO, IES 국제표준을 활용하는 것이 훌륭한 대안 중 하나이다. ESG 경영의 정의는 광범위하고 평가 기관마다 상이한 기준과 scoring으로 표준화된 ESG 평가 기준의 필요성이 제기됨에 따라 한국기업지배구조원(KCGS)은 ISO, ISE 국제표준화기구가 중요한 가이드라인이 될 수 있다. 국내 다수 기업들은 객관적인 평가와 인정을 받기 위해 국제표준화기구(ISO)에서 요구하는 경영시스템을 도입하는 추세이다. 약 2만여 개의 ISO, IEC 인증에는 E(환경), S(사회), G(지배구조) 원칙을 다룰 수 있는 수많은 기준을 통해 ESG 리스크 실사와 경영 전략에 반영할 수 있다. 그렇다면, ESG 경영을 위한 ISO, IEC 인증 중 가장 기본이 되는 ESG 경영시스템으로는 ISO14001(환경경영), ISO50001(에너지경영), ISO9001(품질경영), ISO45001(안전보건경영), ISO37001(부패방지), ISO37301(준법경영) 등이 있다.

E 환경보호	환경경영 ISO 14001 환경경영시스템 ISO 50001 에너지경영시스템	기후변화 ISO 14064-1 온실가스 산정 ISO 14067 탄소발자국 ISO FDIS 14030-1 녹색채권	자원보호 ISO 14046 물 발자국 ISO 46001 물효율관리 ISO TS 22451 회토류 재활용
	환경오염 ISO 21070 해양-선상쓰레기 ISO CD 24161 폐기물 수집 수송 ISO 63000 전기전자 유해물질	친환경기술 IEC 62430 친환경설계 ISO 13065 바이오에너지 지속가능성	이해관계 ISO 14063 환경경영 의사소통 ISO WD 59004 순환경제 프레임워크
S 사회적책임	책임경영 ISO 26000 사회적책임 ISO IWA 26 사회적책임경영	인권노동 ISO TR 30406 지속가능고용 ISO DIS 25550 고령인력지침 ISO 30415 인적 다양성 포용	안전보건 ISO 45001 안전보건경영 ISO 45003 심리적 건강관리 ISO 16000-40 실내공기질
	제품안전 ISO 223001 비즈니스 연속성경영 ISO 10004 고객만족 ISO 13485 의료기기 품질경영	정보보호 ISO/IEC 20000-1 IT서비스경영 ISO/IEC 27001 정보보호경영 ISO/IEC 27701 개인정보보호	이해관계 ISO 37101 지속가능발전경영 ISO 44001 비즈니스 협업관계 ISO 37106 공동체 지속가능
G 지배구조	윤리경영 ISO 37001 부패방지경영 ISO FDIS 37002 내부고발관리 ISO 37301 준법경영	조직구조 ISO 31000 리스크관리 ISO FDIS 37000 조직거버넌스 ISO 41001 시설관리	
	재무회계 ISO 17442-1 금융 법인식별기호 ISO CD 32210 지속가능금융 프레임워크	이해관계 ISO/IEC 38500 IT 거버넌스 IEC 60300-1 신뢰성경영 ISO 18091 지방정부 품질경영	

12
ESG 경영과 컴플라이언스

　기업의 ESG 경영은 환경(Environment)과 사회(Social) 및 지배구조(Governance·의사결정 구조) 관점에서 기업 활동 관련 리스크와 기회 요인을 지속적·전략적으로 모니터링하면서 가치를 창출하는 것으로 환경·안전·인권 등의 컴플라이언스(Compliance)와 리스크 관리 및 공시를 포함한다.

　사회와 환경이 변화하면서 갑질, 담합, 횡령, 배임, 불공정·내부자 거래, 회계 부정, 법규 위반, 골목상권 위협, 관리 부실, 도덕적 해이, 품질 불량 등 기업의 ESG를 위협하는 요인도 계속 변하면서 존재한다. 오스템임플란트의 1,000여억 원 유용 및 횡령 사건, 특정 공급계약 전후에 이뤄진 내부자 거래 혐의 사건, 대형 건설사의 연이은 광주 건설 현장 붕괴 사고 등 최근의 사건들은 지배구조의 컴플라이언스 부재에 기인한다. 컴플라이언스는 기업 활동 과정에서 법규·규제·윤리를 준수하기 위한 일련의 자발적 시스템이다. 컴플라이언스가 이행되지 않고 리스크가 관리되지 않으면 사후 수습 비용과 명성 훼손 등 외부의 부정적 원인으로 발생하는 장기적 손실이 어마어마하다.

　이사회는 이해집단의 다양한 이해관계를 조율하면서 단기적 성과와 지속 가능한 장기 전략의 균형을 이루는 역할을 통해 ESG 경영을 수행하는 핵심 지배구조다. ESG 관련 보고서는 지속가능경영 보고서 혹은 사업 기회, 리스크 관리, 파트너십 전략을 아우르는 통합이라는 측면에서 통합 보고서(Integrated report)라고 한다. ESG 보고를 위한 새로운 비재무적 정보의 산출 및 통합과 공시라는 측면에서 대다수 코스닥 기업 및 중견 기업도 ESG 경영을 어렵게 생각한다. 하지만 ESG는 기업이 지속 가능하기 위한 통합적 장기 전략이다. 기업 앞에 놓여 있는 수많은 위협이나 리스크 요인에 대한 전략적 차원의 접근이 필요한 시점에 우선 이사회의 적극적인 컴플라이언스와 리스크 관리로 ESG 경영을 시작해 보자. '시작이 반'이라는 말처럼 의지를 가지고 시행하면 이룰 수 있다. 투자자와 이해관계자들은 외관만 갖춘 맹탕 ESG 경영이 아닌 장기적 전략으로서의 ESG를 모니터링하고 활용하면서 효과적으로 커뮤니케이션하는지 주시하고 있다.[25]

　다만, ESG 경영이 떠오르면서 덩달아 주목을 받고 있는 '경영학적 개념'은 눈여겨볼 필요가 있다. 바로 '컴플라이언스(compliance)'다. 컴플라이언스는 법·규칙·사내규정 등을 준수하는 경영활동을 말한다. 기

---

[25] 박재환 중앙대 경영경제대학 교수, "[로터리]ESG 경영, 컴플라이언스부터 시작하자", 서울경제, 2022.02.03., https://www.sedaily.com/NewsView/261ZZ4ISDW

업의 모든 업무에서 절차적으로 법을 준수해야 함을 강조해 임직원 스스로 법적 위험을 인식하도록 만드는 게 컴플라이언스의 핵심이다.

컴플라이언스가 ESG 경영과 함께 조명되고 있는 이유는 간단하다. ESG 경영이라는 목표를 달성하기 위한 핵심요소가 컴플라이언스이기 때문이다. 장대현 한국컴플라이언스아카데미 대표는 "컴플라이언스가 지배구조 개선에 좀 더 비중을 맞추고 있는 것 같지만 환경과 사회적 책임 분야의 목적 달성을 위해서도 핵심적인 요소"라고 설명했다. 아직은 낯설지만 컴플라이언스 제도가 우리나라에 도입된 건 꽤 오래전이다. 1997년 외환위기를 겪은 이후 기업들의 부실·방만 경영을 막기 위해 2000년 제정된 준법감시인(금융회사의 지배구조에 관한 법률) 제도가 그 시초다. 2011년엔 상장회사를 대상으로 한 준법지원인(상법) 제도도 만들어졌다. 국가 경제를 뒤흔드는 위기를 초래한 인재人災가 다시 발생하는 일이 없도록 컴플라이언스 제도를 만든 거였는데, 왜 이제 와서 다시 주목을 받고 있는 걸까. 전문가들은 "컴플라이언스 제도가 우리나라에 제대로 자리 잡지 못했기 때문"이라고 지적했다. 실제로 2019년 기준 준법지원인을 의무적으로 선임해야 할 상장회사(자산총액 5,000억 원 이상) 358곳 가운데 이를 지킨 곳은 212곳에 불과했다. 59.2%만이 컴플라이언스 제도를 준수했다는 것이다.

하지만 ESG 경영이 세계적인 흐름으로 자리를 잡으면서 컴플라이언스도 더 이상 간과할 수 없는 중요한 요소가 됐다. 실제로 국내외 비즈니스에서 기업의 컴플라이언스 프로그램 여부를 중요한 자격 요건으로 요구하는 분위기가 조성되고 있을 뿐만 아니라 기업 부패행위의 처벌 수위도 점점 강력해지고 있다. 일례로 2017년까지만 해도 미국 해외부패방지법(FCPA) 벌금액 순위 1위는 스웨덴의 텔리아가 기록한 10억 달러였지만, 3년 만인 2020년 미국 골드만삭스는 그보다 무려 3배 이상 높은 33억 달러의 벌금액을 기록했다. FCPA는 부패와 권력 남용을 막기 위해 전 세계에서 일어나는 행위에 적용되기 때문에 국내 기업들도 예외는 아니다. 실제 삼성중공업은 2019년 11월 FCPA 위반으로 벌금 7500만 달러를 내야 했다.

국내에도 비슷한 법이 있다. '부정청탁 및 금품 수수의 금지에 관한 법률(청탁금지법·일명 김영란법)'이다. 공직자와 기업 간의 부정청탁·뇌물수수행위를 금지하는 게 골자다. FCPA와 청탁금지법 등 부패방지법에는 흥미로운 특징이 두 가지 있다. 양벌兩罰규정과 면책사유다. 먼저 양벌규정이란 직원이 위법행위를 했을 때 기업도 함께 처벌을 받는 것을 뜻한다. 다만, 기업이 직원의 위법행위를 방지하기 위해 '상당한 주의와 감독'을 게을리하지 않았을 때는 처벌을 피할 수 있다. 이것이 면책사유다. 여기서 말하는 '상당한 주의와 감독'이 바로 컴플라이언스다. 그렇다면 기업 내에 컴플라이언스를 어떻게 정착시켜야 할까. 컴플라이언스 전문가들은 "실질적인 개선 방안 없이 말로만 하는 컴플라이언스는 구호에 불과하다"면서 "사람이 컴플라이언스를 이끌어 나가는 데는 한계가 있기 때문에 투명하고 객관적인 판단에 따라 경영을 지원하는 부패방지경영시스템이 필요하다"고 설명했다.

컴플라이언스 프로그램을 정착시키기 위해선 객관적인 시스템이 필요하다는 건데, 대표적인 게 국제표준화기구(ISO)가 제정한 국제표준이다. 여기엔 컴플라이언스를 위한 국제표준도 마련돼 있다. 대표적인 게 ISO 37001(부패방지경영시스템)과 ISO 37301(컴플라이언스 경영시스템)이다. ISO 37001은 2016년에 제정된 데 비해, ISO 37301은 비교적 최근에 제정됐다. ISO 37301은 뇌물 및 부패방지, 독점금지, 자금세탁방지 등 좀 더 폭넓은 분야를 다루고 있다.

이런 ISO 37001은 이미 국내외에서 컴플라이언스 인증 수단으로 작동하고 있다. 경기주택도시공사(GH)가 2022년부터 민간사업자 공모 시에 ISO 37001 인증을 받은 기업에 가점을 부여하기로 한 것은 의미 있는 변화이자 증거다. 아울러 세계시장에선 ISO 37001이 앞서 말한 부패방지법 면책사유의 근거가 되기도 한다. 이렇듯 이제는 바야흐로 ESG 시대다. ESG 경영이라고 하면 뭔가 거창한 것 같지만 핵심은 간단하다. 법과 사회규범을 준수하고 부패를 막는 것이다. ESG 경영의 목표를 달성하기 위해 먼저 컴플라이언스 제도부터 정착해 나가야 한다는 얘기다. 1997년 외환위기와 2016년 국정농단 사태에서 우리는 컴플라이언스가 제대로 돌아가지 않을 때 어떤 일이 벌어지는지 경험했다. 컴플라이언스 제도가 더 이상 유명무실해선 안 되는 이유다.[26]

---

26 고준영, "[컴플라이언스 해설서②] ESG 외치는 당신! 컴플라이언스를 아는가", 더스쿠프, 2021.07.21., http://www.thescoop.co.kr/news/articleView.html?idxno=51368

13
한국형 지표,
K-ESG의 시작

　최근 ESG가 전 세계적인 트렌드로 확산되면서 이에 따른 소비자, 투자자, 정부 등 모든 사회구성원의 관심이 고조되었다. 선택이 아닌 기업의 생존과 성장의 핵심적인 요소로 부상한 것이다. 사회적 가치로 기업의 목적에 내재화되어야 하며 기업의 자본조달 측면에서도 물론 지속가능한 성장을 위한 관리 수단으로도 필수적이다. 그런 ESG 지표는 실제로 국내외 600여 개에 육박한다. 정부에서는 이에 대한 혼란을 줄이고자 지침을 발표했는데, 이것이 바로 'K-ESG 가이드라인'이다. 국내외 주요 평가기관에서 활용하고 있는 3,000여 개 이상의 지표와 항목을 분석하고 수렴하여 ESG 평가를 위한 핵심적이고 공통적인 사항들을 도출한 것이다.

　그렇게 만들어진 가이드라인의 주요 항목은 정보공시, 환경, 사회, 지배구조라는 성격으로 분리되어 제시되며 정보공시에는 ESG 정보공시 방식, 주기, 범위가 있다. 환경에는 환경 경영 목표 및 추진 체계, 친환경 인증, 환경 법규 위반, 온실가스 배출량, 재활용률 등이 있다. 사회

면에는 사회책임경영 목표, 채용, 산업재해, 법규위반, 다양성, 인권, 사회공헌 등이 있으며 지배구조에는 이사회 전문성, 이사회 구성, 주주관리, 윤리경영, 감사기구, 지배구조 법규위반 등이 있다.

　이렇듯 K-ESG 가이드라인에서는 조직이 사회공헌을 효율적으로 추진할 수 있도록 실행체계를 갖출 필요가 있다. 물론 선택 또는 권장 사항에서 머무르지 않고 더 효과적으로 ESG 평가 점수에 영향을 미칠 수 있게끔 이 가이드라인을 끊임없이 발전시켜 나가야 할 부분도 있다.

CHAPTER 3
새로운 기회, Digital ESG

목차 미리보기

14	세계의 ESG 동향
15	ESG 디지털융합의 접점
16	ESG 브랜딩 시대: 국내외 기업 디지털 ESG 전략
17	디지털 트랜스포메이션(DX)되는 ESG
18	그린 & 디지털 혁신, 트윈 트랜스포메이션
19	AI로 진화하는 ICT에서 기업의 지속가능성
20	미래의 새로운 에너지원을 찾는 AI
21	디지털 기술로 예방하는 중대재해처벌
22	새로운 기회의 시대

14
세계의 ESG 동향

ESG 사례 1 모빌리티 혁신 가능성 보여 준 '9유로 티켓'

독일의 철도회사인 도이체반(DB)과 주(州)들은 여행객들을 대상으로 저렴한 기차표를 판매해 왔다. 요일과 지역, 인원수, 이동하고자 하는 거리 등에 따라 다르지만 대체로 1인당 10~25유로(한화 약 1만 3500~3만3900원)로 종일 근거리 대중교통(Nahverkehrsmittel)을 이용할 수 있다. 비록 ICE나 IC로 불리는 장거리 고속기차를 이용할 수 없다는 제한이 있지만, 거주지 인근 지역과 도시를 간단히 여행할 때나 시간적 여유가 충분한 경우에는 꽤 유용한 수단이다. 그런데 그 모든 할인을 압도하는 새로운 제안이 등장했다. '9유로 승차권'(9-Euro-Ticket)이 바로 그 주인공이다.

이 승차권은 말 그대로 9유로(한화 약 1만2,200원)밖에 안 하지만 혜택이 파격적이다. 이 승차권을 구매하면 무려 1개월 동안이나 특정

한 주나 지역의 제한 없이 모든 근거리 대중교통을 이용할 수 있다. 이전까지 판매되어 온 할인 탑승권들에는 24시간이라든가 특정 구역 안에서만 사용 가능함과 같은 조건이 붙어 있었다. 도이체반과 주 정부, 지역 대중교통 사업자들이 기획한 상품이기 때문이다. 9유로 승차권은 그런저런 제약들을 최소화한 것이다. 이런 계획은 연방정부가 주도했기에 가능한 일이었다. 러시아가 우크라이나를 불법 침공한 후 발생한 유가 상승과 에너지 수급 문제도 작용했고, 연방정부 내 대연정 정당인 녹색당이 추진하고 있는 대중교통 이용 활성화 정책도 한몫했다.

여러 배경에서 연방정부는 대중교통 사용량과 접근성을 높이는 것을 목표로 9유로 승차권을 출시했다. 그 성과는 그야말로 대단했다. 첫 선을 보인 한 달 동안 2100만 장의 판매를 기록한 것이다. 2년여 만에 코로나19 조치가 거의 없는 봄과 초여름을 되찾은 사람들이 이 표를 사서 인근 도시는 물론 유명 휴양지들을 방문하기 시작했다. 오순절 연휴를 시작으로 지역축제들도 잇따라 열리면서 관광객의 이동이 급증했다. 이런 연유에서 주말이면 대중교통 이용객이 몰려 기차 연착과 취소가 일상이 되어버리는 불편도 함께 생겨났다. 언론에서도 주말이 지나면 어느 정도 사람들이 집중되었는지를 보도할 정도다.[27]

이 정책은 사실 에너지 절감 정책이라는 것에 주목을 해야 한다. 대

---

27 장성준 라이프치히대 커뮤니케이션학 박사과정·언론학 박사, "9유로 티켓, 실험의 시작", 한국기자협회, 2022.07.05., http://m.journalist.or.kr/m/m_article.html?no=51810

중교통 이용의 확대에 따른 기후 정책적 요소도 매우 크다. 독일은 현재 지역별 통근자 데이터를 모두 가지고 있어서 이동 습관 변화에 따른 환경적 결과를 산출할 수 있다. 연방통계청에 의하면 2020년 기준 독일 직장인들의 약 68% 수준이 자동차를 이용하여 출퇴근을 하고 있다. 14% 정도는 트램이나 지하철 등 대중교통을 이용하며, 10% 정도는 자전거 그리고 6%가 도보로 이용한다. 연방환경청의 데이터에 의하면 자동차를 이용하는 통근자가 모두 대중교통을 이용하게 되면 하루에 약 2,130만 톤의 탄소가 감축된다.

독일 전체 교통량 중 자동차가 차지하는 비율은 57% 수준이지만, 교통에 따른 전체 탄소배출량은 약 75%를 차지한다. 전기차 전환의 흐름에서도 여전히 자동차 이용으로 인한 탄소배출량의 비율은 높은 수준이다. 연방환경청은 중부독일방송과 인터뷰를 통하여 대중교통은 지금의 모든 통근자 수요를 감당할 수가 없을 것이며, 통근 길에 전기로 움직이는 개인 교통수단으로 이동하게 될 것이라고 하였다. 앞서 연방정부의 설문조사 결과에 따르면 응답자의 50% 이상이 자동차 운행 대신에 9유로 티켓을 선택하였다고 응답하였다. 단기간이지만 9유로 티켓을 통한 모빌리티 재구성 및 혁신이 기대되는 이유이다.

한편, 독일도시학 연구소의 위르겐 기즈 연구원에 의하면 9유로 티켓은 대중교통 인프라가 이미 탄탄하게 있는 지역에서 높은 수요를 발생시킬 수 있을 것으로 보고, 대중교통 인프라가 열악한 변두리나 농촌 지역에서는 큰 효과가 없을 것으로 예상했다. 단기간 정책이 아닌 장기적 투자를 통하여 소도시와 농촌의 대중교통 인프라를 더욱 향상시켜야 한다는 주장이다. 이와 같이 독일은 9유로 티켓을 계기로 모빌리티

이용의 습관과 정책 그리고 디지털 시스템을 종합적으로 살펴보고 있다.[28]

ESG 사례 2 IT기업의 친환경 데이터센터 구축

　최근 기후변화와 같은 환경문제가 크게 주목을 받으면서 많은 기업들이 환경적 측면에서 ESG 경영을 가속화하기 위한 노력을 하고 있다. IT 업계에서도 ESG 규제 강화에 적극적으로 대응하고 탄소배출량을 저감하고자 하는 노력이 확대되면서 다양한 친환경 기술을 도입하는 사례가 증가하고 있다.

　디지털 전환이 우리 사회 전반에 확대됨에 따라서 데이터 활용의 근간으로 볼 수 있는 데이터 센터의 수요가 폭증하고 있다. 그리고 이와 동시에 신규 데이터 센터의 구축도 증가하는 추세이다. 이러한 데이터 센터는 직접적으로 환경에 부하를 주는 오염물질을 배출하는 것은 아니지만, 화력발전 기반으로 전력 소모량이 상당히 많은 편에 속한다. 그리고 데이터 센터는 내부 습도와 온도를 엄격하게 관리하고 서버 설비 운영에 있어서 최적의 환경을 유지해야 하는 특성이 있다. 일정한 온도와 습도를 유지하기 위해서는 ICT 장비가 방출하는 다량의 열기를 냉각할 수 있는 냉각시스템이 24시간동안 지속적으로 가동되어야 하므로 전력 소모가 상당하다. 이에 많은 IT 기업들은 탄소배출량을 저

28　이유진, "모빌리티 혁신 가능성 보여준 '9유로 티켓'", 매거진 한경, 2022.08.12., https://magazine.hankyung.com/business/article/202208018095b

감하기 위하여 다방면으로 노력을 하고 있다. 그 중 하나가 친환경 데이터 센터의 구축이다.

  페이스북은 100% 풍력 발전을 통하여 가동되는 친환경 데이터 센터 '클로니 데이터 센터'를 구축하였다. 서버와 냉각장비 그리고 냉각 구조 등을 표준화하는 '오픈 컴퓨트 프로젝트(OCP)'의 데이터 센터 설계 기술을 도입하여 자체적으로 냉각 효율을 강화하였다. 그리고 저전력 저발열 서버를 도입하여 냉각 장비의 전력 소모를 줄여 100% 풍력발전으로만 가동을 하고 있다.

  네이버의 데이터 센터 '각 춘천'은 친환경에 중점을 두고 전력 소모를 최대한 줄이기 위하여 버려지는 열을 동절기 도로 열선에 재활용을 한 스노우멜팅, 외부의 경관 조명과 온실 난방에 태양열 및 태양광 발전을 이용, 외부 공기를 활용한 자연 냉각 시스템 등을 활용하고 있다. 그리고 데이터 센터에서 발생된 폐열은 새로운 열 에너지원으로 사용하기 위해서 온실식물을 재배하거나 빗물을 모아서 소방수 혹은 냉각수로 활용하는 등 친환경 기술을 적극 도입하고 ESG 경영을 실천하고 있다.

  마이크로소프트(MS)는 2018년부터 2년 동안 스코틀랜드의 오크니섬 인근 바다에 해저 데이터 센터를 시험 가동했다. 길이 12m, 지금 2.8m 크기의 흰색 원통 모양의 구조물에 864대의 서버를 넣고 해저 36.5m 지점에 설치를 하였다. '프로젝트 나틱'으로 불리는 이 실험은 차가운 바닷속에 데이터 센터를 넣어 자연 냉각이 가능하도록 하고, 데이터의 입출력 및 연산에 요구되는 전력은 파력, 조력 발전으로 조달하였다. 그리고 완벽하게 밀폐된 공간에서 안정적인 공기의 흐름을 구현한 덕분에 고장률도 지상의 데이터 센터와 비교할 때 8분의 1 수준에 불과한 것으로 나타났다.

구글은 핀란드 남동부 항구도시인 하미나에 낡은 제지공장을 개조하고 데이터 센터를 건설했다. 핀란드의 추운 기후적 특징을 활용하고 차가운 발트해의 바닷물을 통하여 서버 열기를 냉각시키는 방식으로 냉각시스템 가동을 줄이고 있다. 페이스북은 북극과 가까운 스웨덴에 룰레오 데이터 센터를 설립하였다. 한 겨울에도 0도 이상 오르지 않는 기후적 특징으로 2년 내내 서늘한 기온을 유지할 수 있어 데이터 센터의 내부 온도를 낮게 지속적으로 유지할 수 있다. 이로 인해 서버 열을 식히기 위한 냉각 시스템 가동을 줄이고 있다.[29]

ESG 사례 3 파타고니아: 경영 자체가 ESG인 기업

기업의 사회적 책무가 화두로 떠오르고 있다. 이러한 트렌드에 발맞춰 기업들은 경영 측면에서 환경(Environmental)과 사회(Social), 지배구조(Governance) 요소를 보다 중요시 여기게 됐다. 스포츠 분야도 이러한 흐름에서 예외일 수 없다. ESG 경영은 스포츠 종목과 구단, 업체를 막론하고 이미 대세로 자리 잡았다. 한국스포츠경제는 가장 주도적으로 ESG 경영을 실천하고 있는 프로스포츠 K리그를 비롯해 스포츠단을 운영 중인 기업은행, 삼성생명, 페퍼저축은행 같은 금융기업, 스크린골프업체 골프존 등의 ESG 경영 실태를 살펴보고 향후 이들

---

[29] EhostICT, 네이버 블로그, 2022.04.21., https://blog.naver.com/ehostidc2004/222707184163

이 나아가야 할 방향을 짚어 봤다.

"우리는 우리의 터전, 지구를 되살리기 위해 사업을 합니다(We're in Business to save our home planet)."

친환경 글로벌 아웃도어 스포츠 브랜드 파타고니아의 사명이다. 이윤보다 환경을 먼저 생각하는 파타고니아의 경영철학 기조는 1973년 창립부터 이어지고 있다. 이 한 문장으로 알 수 있듯 파타고니아는 환경 보호를 기본으로 'ESG(환경·사회·지배구조) 경영' 실천에 앞장선다. 현재 글로벌 시장에서 ESG 경영의 모범기업으로 평가받고 있다.

파타고니아는 첫째도 환경, 둘째도 환경을 외치며 처음부터 사업의 목적으로 '지구 되살리기'를 강조한다. 일반적인 기업의 목적인 이익 창출에 속도를 내기보다 환경을 위해 소비를 줄이자고 목소리를 높이는 등 집착에 가까울 만큼 환경 보호에 앞장섰다. 이러한 파타고니아의 노력들은 글로벌 시장에서 인정받아 현재 ESG 경영 모범사례로 꼽힌다. 특히 환경 보호에 있어서는 압도적인 호평을 받고 있다. 소비자들도 이러한 파타고니아의 가치에 공감하며 환경을 생각한 파타코니아의 품질 좋은 제품에 열광한다.

파타고니아는 환경 위기에 대한 해법을 모색하는 데 적극적으로 사업을 이용한다. 의류 생산을 위한 목화재배 과정에서 환경을 심각하게 훼손하는 화학물질이 쓰이고 있음을 확인한 후 1944년 모든 스포츠웨어를 유기농 목화로 제조하기로 결정했다. 유기농업으로 재배하는 소수의 농부와 목화 직거래를 하는 등 공급망에 대한 철저한 관리로 불과 2년 만에 목표를 현실화했다. 특히 인증기관의 협조를 받아 생산 과정에 쓰이는 모든 섬유가 친환경적으로 생산되는지 역추적하는 시스템까지 구축했다.

또 환경 피해를 줄인 기능성 원단 캐필린과 신칠라를 개발했으며, 최근에는 브랜드를 막론하고 어떤 의류 제품이든 무상으로 수선해주는 '원웨어(Worn Wear) 프로그램'을 만들었다. 원웨어란, 브랜드를 막론하고 어떤 의류 제품이든 무상으로 수선해 주는 파타고니아의 대표적인 캠페인이다. 새 옷을 구매하기보단 기존 옷을 고쳐 오래 입는 것을 권장하는 무료 서비스다. 파타고니아는 수선에 대해 낡거나 헌 물건을 고친다는 사전적 의미를 넘어 지구를 위한 급진적인 환경 운동으로 바라보는 것이다. 옷을 수선해 오래 입는 것은 익숙하지 않지만, 우리의 터전인 지구를 위한 멋지고 위대한 일이라는 생각에서부터 비롯되었다고 볼 수 있다. 이렇듯 파타고니아는 지속 가능한 경영과 참여를 바탕으로 민간 기업이 기후 변화, 생물 다양성 상실 및 인간과 지구 건강의 위협에 맞서 싸우는 완벽한 예시가 되며 파타고니아의 성공적인 기업 운영에 비춰 지속 가능성이 가진 경제적 의미를 재발견하고, 기업과 소비자 사이에서 기후 변화와 환경 악화에 대처하는 부분을 살펴볼 수 있다.

파타고니아는 현재까지 약 1억 달러(한화 1194억 원) 이상을 환경

단체에 지원하며 다양한 캠페인을 펼치고 문제 해결을 도왔다. 기업의 사회적 책임을 강조하며 ESG 경영 실천으로 지속 가능 경영에 성과를 내고 있다. 1985년 전체 이윤의 10%를 환경보호 단체에 기부하기 시작했으며, 1996년부터는 기부 금액을 이윤의 10%에서 총매출의 1%로 상향했다. 보통의 기업들이 수익의 일부를 기부하는 것과 달리 어떤 경영 상황에서도 사업비용의 일부를 할당 기부하는 형식을 택했다. 파타고니아가 갖고 있는 환경에 대한 진심을 확인할 수 있는 부분이다. 또한, 이러한 기부금을 '지구세(Earth Tax)'라고 칭하며 전 세계와 지역 사회에서 활동하는 풀뿌리 조직을 비롯한 수백 개 환경 단체에 기부하고 있다.

파타고니아가 적극적으로 ESG에 나서는 이유와 대표적인 활동은 다음과 같다. 사내에서는 ESG라고 말하진 않지만, 사명에 나타나듯 환경보호를 위해 사업을 한다. 창업자인 이본은 등반가로서 등반 장비로 사업을 시작했고, 자신이 만든 장비가 산을 파괴한다는 걸 알고 피해를 주지 않는 제품으로 바뀌었다. 1972년 시작한 의류 사업도 마찬가지이다. 옷을 만들려면 먼저 실을 만들어 원단을 짜고 디자인해서 봉제한 뒤 유통하는 복잡한 과정을 거친다. 이때 유기농 재료로 실을 만들고, 이를 위해 재생 유기 농업에 나서고, 재생 소재를 쓰며, 원단 낭비를 최소화하고, 공정무역 인증 시스템을 도입하며, 유통 시 필요한 에너지를 친환경으로 바꾸는 등 여러 활동을 한다. 또 사람들에게 시급한 환경문제를 알리는 캠페인도 하고, 비영리 환경단체를 지원하기도 한다. 현재에도 석탄 화력발전소 폐쇄 운동이나 신공항 건설 반대 캠페인을 진행하고 있다. 또한 국립공원 개발 반대나 해양보호구역 확대 등 갈등의 소지가 있지만 실질적으로 변화를 이끌어 낼 수 있는 프로젝트에 대해 계속 논의하고 있다.

ESG 사례 4 ESG Brand 폭스바겐, 넷플릿스

폭스바겐

디젤 차량이 대세가 되어가고 있던 어느 날, 미국 비영리환경단체 '국제청정교통위원회(ICCT)'는 한 가지 실험을 계획한다. 폭스바겐 제타, 파사트, BMW X5 등 디젤 엔진을 탑재한 차량들을 대상으로 실외 주행 테스트를 통한 배기가스 측정에 나선 것이다. 처음 이 실험은 '디젤 엔진도 깨끗할 수 있다'는 사실을 보여 주려고 계획됐다고 한다. 세계 어느 곳보다도 엄격한 미국 기준을 통과한 디젤 차량들을 내세우며 타 국가에도 동일한 기준을 도입하라는 메시지를 주고자 한 것이다.

그런데 이 실험에서 충격적인 결과가 나타난다. 폭스바겐 차량이 공식 테스트 대비 40배, 미국 기준치 대비 30배가 넘는 배기가스를 배출한 것이다. 미국 환경보호국은 즉각적인 조사에 나섰고, 폭스바겐이 전자제어장치(ECU) 프로그램을 조작했다는 사실을 밝혀낸다. 미국과 유럽 등 많은 국가에서는 배기가스 배출량 인증 시 실내에서 차대동력계라는 장치를 이용해 인증시험을 치르게 된다. 이때 엔진은 가동되고 속도는 올라가지만 핸들은 전혀 움직이지 않는데, 폭스바겐은 소프트웨어에 이 상황을 '배기가스 검사 중'으로 인식하게 하고 배기가스 배출량을 억제하도록 만든 것이다. 일반 주행 중에는 이 소프트웨어가 작동하지 않는데, 이 때문에 실외 주행 실험에서 실제 배기가스 배출량이 들통나며 폭스바겐의 사기극이 만천하에 알려지게 된 것이다.

폭스바겐의 배기가스 배출은 ESG 경영 면에서도 커다란 시사점을 준다. 환경(E) 면에서는 배기가스 배출 규정을 어기며 환경오염을 심화시킨 주범이 되었고, 사회(S) 면에서는 고객을 기만하고 제품을 과대 선전했으며 환경오염을 통해 인류의 건강에 유해한 영향을 끼쳤다. 지배구조(G)에서도 낙제점을 받았는데, 경영진에서 조작을 인지했음에도 방조했으며 배기가스 조작이라는 불법적인 행위를 견제하거나 사전에 막지 못했기 때문이다. 폭스바겐 그룹 CEO인 마틴 빈터콘은 이 사태의 책임을 지고 사퇴해야 했다. 이렇듯 ESG 모든 면에서 부정적인 영향을 끼친 이 사건으로 폭스바겐의 ESG 등급은 BB에서 CCC까지 수직 하락했고 지금까지도 이 등급을 벗어나지 못했다.

그렇다면 폭스바겐이 나쁘기만 한 기업일까. 그건 아니다 폭스바겐 역시 최근 ESG 경영의 중요성을 깨닫고 기업이 환경, 사회에 끼치는 부정적 영향을 최소화하고자 노력하고 있다. 일례로 브라질에서 진행하고 있는 Costurando o Futuro(Sewing the Future) 프로젝트를 들 수 있다. 폭스바겐은 브라질 내의 생산공장과 공급업체가 사용하고 남은 장비나 차량 내장재로 사용하고 남은 자투리 원단을 기부하고 있다. 그리고 지역 내 저소득층들이 이를 활용해 가방, 지갑 등 업 사이클

링 제품을 만들 수 있도록 지원하고 있다. 이를 통해 생산과정에서 남은 폐자재를 재활용하고, 지역사회에는 일자리를 창출함과 동시에 소득원을 제공하는 것이다.

환경보호도 폭스바겐이 중점을 두고 있는 영역 중 하나이다. 폭스바겐은 늦어도 2050년까지는 탄소중립을 실현하겠다고 밝혔으며 이를 위해 전기차 개발에 집중하고 있다. 폭스바겐은 2015년 대비 2025년 배출량을 30%가량 감축할 계획이라고 밝혔다. 그리고 유럽 시장 내에서 전기차량 모델 비중을 20%까지 끌어올리고, 2030년에는 전기차 판매량을 40%까지 증가시킬 계획이다. 또한 차량을 단순히 폐차시켜 버리지 않고 다시 쓸 수 있는 부품을 선별해 가공을 거쳐 재생산하고, 이 부품을 차량 수리에 사용할 수 있도록 합리적인 가격에 내놓을 예정이다. 이를 통해 부품 성능은 유지하면서도 가격을 30%가량 낮추고, 에너지 소비 역시 80% 가까이 감소시킬 수 있다고 한다.[30]

폭스바겐그룹은 전통적인 제조업 기반의 기업이기 때문에, ESG 개념 중 '탈 탄소화'를 통한 환경 경영에 초점을 맞추려는 모양새다. 그 일환으로 아우디 헝가리 공장은 지난해 10월 '탄소 중립'을 달성해 공장이 가동 중이다. 아울러 아우디 벨기에 공장은 2018년 이미 탄소 중립을 달성한 바 있다. 파리기후변화협약에 따라 폭스바겐그룹은 2030년까지 차량 1대당 발생하는 탄소배출량을 2018년 대비 30%까지 줄

---

[30] 안나래, "ESG 사례 ⑪ :: 폭스바겐(Volkswagen), 진정성 있는 ESG의 중요성, 제주폐가살리기사회적협동조합, 2021.03.30., https://jejuzip2021.tistory.com/207

인다는 계획이다. 같은 기간 전기차 비중을 전체의 50%까지 끌어올리면서 더욱 적극적으로 환경 경영에 나설 것으로 분석된다. 장기적으로는 2040년 모든 신차가 '탄소 배출 제로' 상태를 달성하고, 2050년까지 공장 등 모든 시설의 탄소 중립을 구현하는 것이 폭스바겐그룹의 최종적인 목표다. 폭스바겐그룹은 전동화 전환의 핵심인 배터리 제조에도 적극적인 행보를 이어 간다는 계획이다. 특히 다양한 기업들과의 파트너십을 바탕으로 글로벌 배터리 공급망 확보에 적극적인 모습이다. ESG 경영의 일환으로 배터리 제조 공장의 탄소 중립과 낭비되는 비용 및 재료의 절감을 추진할 것으로 보인다.

넷플릭스

넷플릭스는 "예스 앤드(Yes, And)" 1 전략에 따라 2022년까지 탄소 중립(Net Zero)을 목표로 삼은 "넷 제로+네이처(Net Zero + Nature)" 계획을 실행 중이다. Net Zero + Nature는 3R(Reduce, Retain, Remove)을 중심으로 탄소 중립을 실천하고 있다.

먼저, Reduce(저감)는 파리 협약(Paris Climate Agreement) 2에 따라 내부의 탄소 배출을 줄이기 위한 첫 단계이다. 과학기반감축목표 이니셔티브(Science Based Targets initiative, SBTi) 3의 기준에 따라 Scope 1·2 배출을 2030년까지 45% 감소시키는 것이다. 이를 위해 최적화, 전기화 그리고 친환경 에너지화의 3단계를 진행하고 있으며 각 단계는 넷플릭스가 소유 또는 임대한 스튜디오 시설에서 우선 적용되고 있다.

둘째, Retain(보존)은 자연의 기존 탄소 저장 능력을 보존하기 위해 노력하는 것으로서 열대 우림과 같은 생태계 보호를 시작으로 탄소의 대기 유입을 방지하는 프로젝트에 투자함으로써 2021년 말까지 내부적으로 피할 수 없는 탄소 배출을 상쇄하고 있다. 대표적인 투자 프로젝트인 미국 오리건주의 "라이트닝 크릭 랜치 프로젝트(Lightning Creek Ranch Project)"는 북미 최대의 벼과 풀(Bunchgrass) 대초원의 손실을 방지하는 것으로서 토지 소유주가 농작을 하지 않도록 하여 천연 탄소 제거 시스템을 보존하는 것이 목적이다.

또한 케냐의 산림 및 멸종위기 종 서식지 보호 프로젝트인 "카시가우 회랑 REDD+프로젝트(Kasigau Corridor REDD+ Project)"는 밀렵, 화전 농업 등의 활동에 대한 경제적 대안 제공을 통해 약 12만 명의 원주민들에게 혜택을 제공하고 있다.

마지막으로 Remove(제거)는 2022년 말까지 탄소 중립을 달성하기 위해 초원, 맹그로브숲, 토양 복원 등의 자연 생태계 재건 투자 프로젝트를 시행함으로써 대기 중 탄소를 제거하는 것이다. 이러한 3R 활동을 통해 탄소배출을 줄이고 환경을 보전함으로써 2019년 대비 2020년 총 탄소 순배출량이 1,208,205메가톤(MtCO2e)에서 997,457메가톤(MtCO2e)으로 210,748메가톤(MtCO2e) 감축되었다.

더불어 넷플릭스는 넷플릭스만의 고유 업(業)의 특성을 활용하여 환경 및 지속가능성과 관련된 작품을 꾸준히 제작하고 있다. 〈우리의 지구(Our Planet)〉, 〈나의 문어 선생님(My Octopus Teacher)〉,

〈지구의 밤(Night on Earth's Sleepless Cities episode)〉 등은 1억 6천만 이상의 가구에서 시청하였으며, 특히 〈우리의 지구(Our Planet)〉는 에미상 수상, 〈나의 문어 선생님(My Octopus Teacher)〉는 오스카상에 노미네이트되는 성과를 거두었다.[31]

ESG 사례 5 국민연금·KIC도 ESG 투자 대열

국민연금공단과 한국투자공사(KIC) 등 국내 대표 기관투자가들이 ESG(환경·사회·지배구조) 투자를 가속화하고 있다. 투자 프로세스에 ESG를 적용하는 'ESG 통합' 전략을 도입하고 친환경 대체투자 자산에도 손을 대고 있다. 금융투자업계에 따르면 국민연금은 전체 자산의 10%가량을 차지하는 국내 주식 직접 운용분에 ESG 기준을 적용하는 ESG 통합 도입을 마무리했다. 800조 원으로 추정되는 국민연금 기금 규모를 감안하면 약 80조 원에 달하는 액수다. 이제는 ESG 통합 적용 범위를 국내 채권, 연말까지 해외 주식 및 채권으로 확대하기로 했다. 또한 직접 운용이 아닌 위탁 운용에도 적용할 계획이다. 이에 따라 국민연금의 ESG 적용 자산 규모는 전체 자산의 50% 수준까지 늘어난다고 볼 수 있다. 국부펀드인 KIC도 ESG 투자에 적극 나서고 있다. 정부 자금 180조 원가량을 해외 자산에 투자하는 KIC는 2018년 스튜어드

---

[31] 박영주 한국표준협회 ESG경영혁신센터 전문위원, "해외 미디어 기업의 ESG 활동 - 넷플릭스의 ESG보고서 분석", KCA 한국방송통신전파진흥원, 2021.10., https://www.kca.kr/Media_Issue_Trend/vol46/sub01_02.html

십코드를 도입하고, 2019년엔 구체적인 책임투자 업무지침을 내놓으며 ESG 투자의 기틀을 마련했다. 2019년 국내 최초로 3억 달러 규모의 글로벌 ESG 전략 펀드를 도입하기도 했다. 또한 정부가 발행한 5억 달러 규모의 녹색 및 지속가능채권 발행에 참여한 뒤 발행자금을 위탁받아 미국의 친환경 오피스 빌딩과 남미·아프리카 내 신재생에너지 프로젝트, 폐기물 처리 사업 등에 투자했다.

국민연금과 KIC의 행보는 국내 자본시장에 적지 않은 영향을 미칠 전망이다. 국민연금과 KIC가 대량살상무기, 석탄발전, 담배, 도박 등 이른바 '죄악주'에 대해 어떤 판단을 내릴지, 국내외 기업에 주주로서의 활동을 어느 정도 수준으로 전개할지 등이 기관투자가의 관심사다.[32]

---

32 황정환, "국민연금·KIC, ESG 투자 확대", 한국경제, 2021.02.03., https://www.hankyung.com/economy/article/2021020350781

15
ESG 디지털융합의 접점

　지속가능경영은 모든 기업이 지향하는 미래 모습이지만, 불과 얼마 전까지만 해도 지속가능경영과 ESG는 대부분의 기업들에게 사회공헌 활동 정도로 생각되던 단어였다. 이와 달리 현재 대기업들은 최고경영자들이 앞다퉈 ESG 경영의 중요성을 강조하며 사내에 ESG 전담팀을 만들거나, ESG 위원회를 설립하는 등 빠르게 대처하고 있고, 정부에서도 ESG 사각지대를 없애기 위해 K-ESG 가이드라인을 마련하여 중소기업의 ESG 추진에도 도움을 주고 있다. 그런데, ESG를 실행하고 있는 기업들에서는 여러 가지 혼란과 볼멘소리가 나오고 있다.

　이러한 과도기적 현실 속에서 기업들에게 가장 먼저 명확한 이해와 준비가 필요한 부분은 ESG 데이터이다. ESG 데이터란 "기업이 경영활동을 수행하는 데 필요한 내외부의 모든 데이터를 GRI, SASB와 같은 글로벌 ESG 정보공개 기준으로 통합 및 재가공한 데이터"라고 정의할 수 있다.

ESG데이터를 준비함에 있어서 꼭 유념해야 할 부분은 단순한 결과 데이터뿐만 아니라 원인 데이터를 한눈에 볼 수 있도록 ESG 데이터 흐름을 관리해야 한다는 것이다. 예를 들어 글로벌 ESG 공개기준에 콩고, 우간다 등 분쟁지역에서 생산된 원자재 사용을 규제하고자 해당 지역에서 생산된 원자재 사용량을 공개하는 기준이 있다. 이는 분쟁지역 원자재를 구매해 줄 경우 해당 국가가 원자재 판매 대금으로 무기를 구매하여 전쟁에 활용하기 때문이다. 그래서, 원자재 사용량 데이터 관리 차원에서 자원의 형태, 원천, 광물 종류, 공급처, 제련소 등에 대한 데이터를 볼 수 있도록 관리가 된다면, 어떤 분쟁지역에서 생산된 원자재가 어떤 협력사를 통해서 어떤 광물이 공급되어서 분쟁지역 원자재 사용 비율이 증가되었는지 한눈에 파악이 가능하고 즉각적인 조치가 가능해진다.

지금부터 시작해도 늦지 않았다. 첫째, 우리 회사의 ESG 경영을 위해 반드시 관리가 필요한 데이터는 무엇인가? 둘째, ESG경영에 필요한 데이터는 어떻게 수집, 저장, 관리되고 있는가? 셋째, ESG 데이터의 정확성과 신뢰성은 어떻게 확보할 것인가? 이상 세 가지 질문에 기업이 스스로 질문을 던져보고 얼마나 적극적으로 디지털 기반 ESG를 위한 해답을 찾아가느냐가 2~3년 뒤 성공적이고 효과적인 ESG 추진과 성과 달성의 성패를 좌우하게 될 것이다.[33]

---

[33] 서정열, (주)에스코어 디지털전략컨설팅팀 상무, 한국산업기술진흥협회, DT Quarterly, 2022년 2호에서 발췌. http://dtquarterly.koita.or.kr/202203-trend/%EC%84%9C%EC%A0%95%EC%97%B4-%EC%83%81%EB%AC%B4%EC%97%90%EC%8A%A4%EC%BD%94%EC%96%B4

ESG 디지털 전환이 성공하려면 이해관계자들 사이의 긴밀한 협업과 리더들의 적극적 참여가 필요하다. 전사적 차원에서 전환을 꾀하며 기업의 모든 자원을 유기적으로 활용해야 한다. 관련된 모든 리스크와 기회에 대한 전략적 대응 방안을 세우고, 지속적으로 ESG 디지털 전환을 이룰 수 있는 방법을 고안해야 한다. 이때 혁신적인 플랫폼을 제공하는 것이 바로 메타버스이다.

메타버스 플랫폼에서는 ESG 디지털 전환을 위한 모든 요소를 디지털 트윈(Digital twin, 현실 세계에 실재하고 있는 사물을 디지털 공간에서 리얼하게 표현한 것)으로 구현할 수 있다. 즉, 기업의 사업 모델, 경영 프로세스, 자원, 이해 관계자, 전문가 등에 대응하는 디지털 트윈들을 가상공간 내에 개발하는 것이다. 이러한 디지털 트윈들은 서로 유기적으로 연동돼 상호작용한다. 이를 통해 이해관계자 및 전문가들은 자신들의 디지털 트윈인 아바타와 각 기업의 디지털 트윈을 활용해 언제, 어디서나 ESG 관련 연구를 진행할 수 있다. 또한 디지털 트윈으로 구현된 자원들 역시 물리적 제약이나 수의 제한 없이 사용할 수 있다. 따라서 메타버스 공간에서는 자유롭게 다양한 사업 시나리오를 시뮬레이션하고, 그 결과에 대한 대응 방안을 수립할 수 있다. 이후 메타버스상에서 테스트한 결과를 실제 ESG 디지털 전환 전략을 수립하고 구현하는 과정에 지속적으로 적용하는 것이다.

메타버스를 통한 ESG 디지털 전환에 성공하기 위해서는 기업의 사업 특성에 맞게 명확한 목표를 세우고 작은 규모의 파일럿 프로젝트를 우선적으로 시도해 보는 것이 중요하다. 플랫폼에 적용했을 때 구현이 가능하면서 가장 효과를 볼 수 있는 분야를 찾아내 철저한 실행 계획을 세워 테스트해 보는 것이다. 이후 파일럿의 성과를 바탕으로 플랫폼에 적용할 프로젝트를 확장해 나가야 한다. 탄소배출량 저감 프로젝트가 좋은 출발점이 될 것이다.

국가 차원에서도 발전소 등 ESG 경영이 중요한 공기업들이 선제적으로 메타버스 플랫폼을 적용한 ESG 디지털 전환 파일럿 프로젝트를 추진하고, 민간기업들에 모범을 보여 주는 선도적인 역할을 할 필요가 있다. 한국이 ESG 디지털 전환의 테스트베드가 되고 많은 성공 사례를 만들어가면서 글로벌 ESG 디지털 전환을 리드할 수 있을 것이다.[34]

---

[34] 이근호 테크아이피엠 대표, "메타버스를 통한 ESG 디지털 전환" 332호, 동아비즈니스리뷰(DBR), 2021. 11., https://dbr.donga.com/article/view/1203/article_no/10229/ac/magazine

16
ESG 브랜딩 시대: 국내외 기업 디지털 ESG 전략

ESG 관점의 데이터란, 기업이 경영활동을 수행하는데 관련된 구매/제조/물류/파트너/고객관리 등의 내/외부 데이터를 글로벌 ESG 정보 기준으로 통합 및 재가공한 데이터라고 할 수 있다.

성공적인 ESG 경영혁신을 위해서는 ESG 데이터의 체계적 관리는 반드시 필요하며, ESG 데이터 기반 디지털 ESG 경영환경 구축이 필요하다. 즉, 기업 활동 전반의 데이터와 시스템을 ESG 관점으로 Value Chain 및 이해관계자 별 데이터로 구조화하고 통합 및 재구성하여 '[전략수립] 사업 전략 및 이해관계자를 고려한 ESG 전략/활동계획 수립 → [정보관리] ESG 데이터의 체계적 관리를 통해 정량/정성 정보의 신뢰성, 적시성, 일관성 확보 → [리스크관리] 기업의 ESG 데이터 기반 리스크 모니터링/대응 → [평가/공시관리] ESG 평가 및 공시를 위한 기준/기관/방법 결정'의 선순환 경영환경 체계를 확보하고, ESG 이슈에 효과적으로 대응하며 혁신 활동을 지속적으로 추진하는 것이다.

Case 1 Saipem(EPC 기업)

환경단체 및 ESG 평가기관의 탄소배출 절감방안이 지속적으로 요구되는 상황에서, 2018년 "4개년 탄소배출 감축전략 계획" 발표 후 탄소배출량 예측 시스템을 자체 구축하여, 모든 프로젝트의 단계별 탄소배출량을 예측하고 절감방안을 도출/실행했다. 그 결과, 2019년 탄소배출 절감목표를 초과달성(12만톤 목표, 18.8만톤 절감)하고 IMCR Environmental Sustainability Award를 획득했다.

Case 2 스타벅스

커피농장의 아동 노동 강제 노동 등 인권 및 노동권 침해가 발생한 농장의 커피 사용이 이슈화 되는 상황에서, 2018년 블록체인 기술을 활용하여 커피 생산정보 및 유통이력을 모니터링 할 수 있는 "Bean to Cup" 프로젝트를 착수하고, 2020년 8월 모바일 업 서비스를 오픈했다. 블록체인을 기반으로 전 세계 38만 커피농장의 생산(농장/생산정보 공정무역 인증), 제조공장(위생검사/패키징 정보), 물류센터(이동/물류업체/방법) 정보의 모니터링을 통해 커피원두의 생산정보 확인하여 소비자의 윤리적 구매를 실현하고, 농장주에게는 가격/유통 투명성 제공으로 생산량과 품질 향상에 기여했다.

Case 3 유니레버

팜유 생산을 위한 개발도상국의 불법적 산림파괴 방지 및 지속 가능한 팜유 공급방안의 요구에 따라, 2020년 8월 인공위성의 GPS/영상 데이터 분석기술을 활용하여 인도네시아 현지 공급망을 모니터링 하는 파일럿 프로그램을 시작했다. 물류 트럭의 실시간 GPS 데이터 신호 모니터링을 투하 팜유 농장의 위치를 확인하여 불법적 산림 파괴를 감시하고, 위성영상·위치데이터 AI·빅데이터 기술의 융합으로 산림벌채, 토양개조 현황 및 화재발생 등의 다양한 공급망 정보를 수집하여, 인도네시아 팜유 공급망 투명성을 강화하고 2020년 칼까지 산림벌채 제로화 목표를 달성했다.

Case 4 Microsoft

Microsoft는 소프트웨어 역량을 기반으로 라 산업과 융합을 통해 선한 기업가치 영향력을 발휘하면서, 주요 ESG 평가기관인 MSCI(Morgan Stanley Capital International)로부터 최근 5년간 최상위(AAA) 등급을 부여 받았다. 2012년 실질적 이산화탄소 배출량 제로 달성에 이어, 10억 달러의 '기후 혁신 펀드(Climate Innovation Fund)'를 조성해 탄소 제거 기술 개발을 지원 중이다. 또한 '탄소 네거티브(Carbon Negative)'라는 개념을 제시하며 2030년부터 이산화탄소 배출량보다 흡수량을 더 늘린 후 2050년까지 창사 이래 배출한 모든 이산화탄소를 회수하겠다는 야심 찬 목표도 내걸었으며, 이를 위해 미국의 한 농업협동조합과 인공지능(AI, Artificial lntelligence)을 활용한 농업 효율화를 위한 협업을 시작하여 더 많은 이산화탄소가 토양에 흡수되도록 하고, 그 가치에 환금성을 부여해 농가 부수입으로 만드는 BECCs 사업을 시작했다. Microsoft의 ESG 경영에 대한 명성은 우수한 재무실적과 전략을 기반으로 "기술에 책임을 입혀야 한다."라는 탁월한 경영진의 Commitment와 기업 경영전반에 이러한 철학을 반영한 결과이다.

Case 5 HMM

기존 환경경영시스템을 기본으로 에너지경영시스템, 온실가스관리 및 사회책임경영시스템을 통합하여 HMM-ESQSS 확보하고 이를 바탕으로 친환경에너지, 안전보건 확보 및 품질요소의 체계적 이행을 추진하고 있다. 온실가스종합관리시스템을 통해 설비, 공정, 사업장별 온실가스 배출량을 관리하고, 감축 잠재량을 파악하여 배출량의 80% 이상 차지하는 컨테이너선 대상으로 60% 계획을 수립/실행 중이다. 2018년에는 IT혁신전담조직을 신설하여 블록체인, 인공지능 클라우드 등 기술을 융합한 업무시스템을 구축하고, loT 센서를 통해 선박 및 화물에 대한 통합관리를 진행하고 있다. 2019년, 영국의 해외물류 전문사인 Lloyd's Loading List 주관 'G10bal Freight Awards

2019'에서 친환경부문 최우수로 선정되었다.[35]

Case 6 Intel

Intel은 사회적 책임을 갖추고 지속 가능한 미래를 창조한다는 비전을 바탕으로 '책임 있는 광물 조달'을 실천하고 있다. 반도체에 사용되는 모든 광물의 채굴 표준을 만들고, 아동 노동이나 임금 착취 등과 관련 있는 업체와는 거래하지 않는다. 지난해에는 수자원을 모두 재사용하는 것을 목표로 삼아 제조 과정에서 71억 갤런의 물을 절약했고 재생 에너지 공급 및 구매 비율도 약 9% 이상 확장시켰다.

그렇다면 디지털 전환은 ESG 경영 목표를 이루기 위한 수단에서 생각해 볼 수 있다. 트윈 트랜스포메이션은 디지털 전환과 ESG 전환의 우선순위를 따지기보다 '공생'이라는 키워드로 이해하는 것이 더 정확하다. 결국 디지털과 ESG 전환은 따로 떼어 놓고 생각할 수 없다. 물론 ESG 경영 목표를 달성하기 위해 디지털 전환은 필수이다. 다만, 이는 기업들이 현재 맞닥뜨리고 있는 '리스크 관리 차원'에서 해당된다고 본다. 강조하고 싶은 것은 기업들이 트윈 트랜스포메이션을 통해 '새로운 시장'을 창출하는 데까지 나아가야 한다는 것이다.

---

[35] 삼성SDS 리서치그룹, 전략마케팅팀, "기업 생존의 해답, 디지털 ESG 경영", 삼성 SDS, 2021.04.14., https://www.samsungsds.com/kr/insights/digital_esg.html

지금까지 기업들은 ESG 관련 규제 강화와 같은 사회적 압력에 대응하며 리스크를 줄이는 데 초점을 맞췄다. ESG 1.0단계라고 할 수 있다. 그런데 이제는 ESG 2.0으로의 도약이 필요하다. 시장의 흐름이 ESG를 중심으로 재편되는 과정에서 '새로운 시장'을 만들어 내고 그 시장을 선점할 수 있는 신성장 동력을 찾아야 한다. 여기에서 유리한 자리를 점하고 있는 기업은 디지털을 기반으로 한 빅테크 기업들이다. 친환경 규제가 강화되면 탄소 배출을 관리하기 위한 디지털 솔루션 프로그램을 필요로 하는 기업들이 많아질 것이다. 대기업부터 중소기업까지 모두에게 필요한 프로그램이기 때문이다. 디지털 전환을 중심축으로 삼고 있지만 ESG와 결합함으로써 디지털과 ESG를 융합해 '새로운 기회'를 만드는 것이 가능하다. 한국 기업들은 이와 같은 사실에 주목해야 한다.[36]

---

[36] 이정훈, "디지털과 ESG의 융합, '위기 대응' 넘어 '새로운 기회' 찾아 나설 때", 매거진 한경, 2022.04.08., https://magazine.hankyung.com/business/article/202203302145b

17
디지털 트랜스포메이션(DX)되는 ESG

디지털 전환과 ESG(환경·사회·지배구조) 경영은 최근 기업이 직면한 메가트렌드다. 많은 기업이 필요성에 공감하지만, 두 분야 모두 전환 속도는 더딘 편이다. 일부 기업은 디지털 전환과 ESG 경영을 리스크로 보기도 한다. 전환 비용에 대한 부담 때문이다.

이런 가운데 디지털 전환과 ESG 경영을 결합하는 '트윈 트랜스포메이션(twin transformation)'이 주목받고 있다. 전문가들은 디지털 전환과 ESG 경영의 결합은 당연한 수순이며 전략적 선택이라고 말한다. 탄소를 배출하지 않는 청정 디지털 기술 활용이 지속가능경영 추진의 핵심 요소가 될 수 있다는 설명이다.

ESG 경영을 추진하기 위해 가장 필요한 것은 기업 내 데이터 확보다. 기업 활동 전반에서 생산하는 데이터를 구조화하고 재구성해 비즈니스 전략에 녹이는 것이 우선되어야 ESG 정보 공시와 비즈니스 전환을 계획할 수 있다. 대기업은 협력사와 그룹사를 관리할 수 있는 체계를 만들고, 중견·중소기업은 그러한 관리 체계에서 자사 ESG 경영을 점검할 수 있는 생태계를 구축해야 한다.

디지털 전환은 기업의 기후 행동 확대와도 맞닿아 있다. 플라스틱이나 종이 사용을 줄이는 디지털 카드, 전자문서 등으로 탄소배출을 저감하고 데이터 확보를 통한 공급망 관리 등 ESG 리스크 대응에 디지털 전환을 활용할 수 있다. 한국기업지배구조원은 지난해 11월 발표한 보고서 〈디지털 트랜스포메이션을 활용한 ESG 경영〉에서 "디지털 기술은 에너지나 원료의 최적화, 산업재해 방지 등 ESG 경영에 활용할 수 있는 부분이 많은 일종의 도구"라고 지적했다.

국내에서는 금융권의 움직임이 눈에 띈다. 국내 주요 금융회사의 경영 목표에는 '디지털'이 빠지지 않고 등장했다. 가장 큰 변화는 은행 지점 감소다. 비대면 서비스 사용, 인터넷 은행 성장 등으로 기존 전통 은행과 신흥 핀테크 산업의 경계도 흐려지는 추세다. 상품 중심의 기존 지점 영업만으로는 지속성이 떨어진다고 판단한 금융사들은 디지털 위주의 서비스 개편과 사업 전개로 공격적 대응에 나서고 있다.

디지털 전환은 금융사의 ESG 추진에도 필수적이다. 최근 디지털 전환과 ESG 전환을 연계하는 트윈 트랜스포메이션이 부각되는 배경은 무엇일까. 코로나 이전부터 이에 대한 관심은 존재했다. 새롭게 떠오르고 있으나 갑자기 등장한 개념은 아니다. 특히 팬데믹을 겪으면서 ESG

전환은 기업들에게 필수가 되었다. 한국에서도 많은 기업이 '넷 제로' 선언 등에 동참했다. 앞으로 우리가 해 나갈 일은 이를 어떻게 잘 이행할 수 있을 것인가이다. 여기서 디지털 전환이 핵심적이며 빅데이터 등의 기술이 뒷받침되어야 한다. 유럽에서는 이미 '디지털 없는 그린 경제로의 전환'은 불가능하다는 입장이며 실제로 유럽연합(EU)에서는 디지털 기술을 잘 활용하면 2030년까지 글로벌 탄소 배출량을 지금의 5분의 1 수준으로 줄일 수 있다고 말한다.

그렇다면 디지털 전환을 ESG 경영 목표를 이루기 위한 수단이라고 말할 수 있는지도 따져 보아야 한다. 트윈 트랜스포메이션은 디지털 전환과 ESG 전환이 함께 되는 것이다. 따로 떼어 놓고 생각할 수 없다는 말이다. 물론 ESG 경영 목표를 달성하기 위해 디지털 전환은 필수이다. 동시에 트윈 트랜스포메이션을 통해 '새로운 시장'을 여는 데까지 나가야 한다. 특히 한국의 기업인들에게 트윈 트랜스포메이션은 낯선 개념이다. ESG나 디지털 전환이라는 개념이 부상한 것도 최근의 일이며 아직은 이 둘을 각기 다른 개념으로 바라보고 접근하는 곳이 훨씬 많다. 탄소 저감과 같은 부분에서 성장을 보이는 기업들도 있으나 대부분의 기업은 현재까지 ESG 경영을 '리스크 관리' 차원에서만 다루며 아직 한국 기업들은 디지털과 ESG의 융합의 확장에 대해서는 소극적인 태도를 보인다.

그렇다면 자연스럽게 디지털과 ESG의 융합을 어떻게 이룰 수 있는지에 대한 궁금증이 든다. 트윈 트랜스포메이션은 모두의 참여가 필요하다. 한국 기업들의 ESG에 대한 이해는 상승했으나 디지털 전환 측면에서의 이해도는 여전히 낮다. 반대로 테크 기업들은 디지털과 관련해서 잘 알고 있으나 새로운 시장을 발굴하기 위한 ESG에 대해서 이해가 약할 수 있다. 따라서 협력이 중요하며 앞으로 ESG 경영이 주가 되는 시기, 발전해야 하는 시기이기에 더 능동적이고 적극적으로, 구체화 된 커리큘럼으로 투자가 이루어지고 적용되어야 할 것이다.

18
그린 & 디지털 혁신, 트윈 트랜스포메이션

　디지털 전환과 환경·사회·지배구조(ESG) 경영의 결합을 의미하는 '트윈 트랜스포메이션'은 뜬구름 잡는 소리로 들릴 수도 있다. 그럼에도 '디지털'과 'ESG'는 지금 현재 모든 기업들이 직면하고 있는 메가트렌드라는 점은 분명하다. 대부분의 기업들은 이미 두 분야에서 각각의 목표를 세우고 혁신적 대책을 고민하고 있다. 이 같은 상황에서 디지털과 ESG의 연계에 초점을 맞춘 새로운 개념의 등장만으로도 복잡하고 어렵게만 느껴질 수 있다.

　디지털 전환과 ESG 전환에 대한 관심은 신종 코로나바이러스 감염증(코로나19) 사태 이전부터 있었다. 이 둘을 결합하는 트윈 트랜스포메이션은 최근 1~2년 사이에 새롭게 떠오르고 있는 개념이지만 그렇다고 갑자기 등장한 개념은 아니다. 특히 팬데믹이 시작된 이후 ESG 전환은 기업들에 더 이상 선택이 아닌 필수가 됐었다. 실제 한국에서도 많은 기업들이 '넷 제로' 선언 등에 앞다퉈 동참하고 있다. 그러면 지금부터 중요한 것은 이를 '어떻게 이행할 것인가'에 주목해 봐야 한다. 여기에서 디지털 전환의 역할은 절대적이라고 할 수 있다. ESG 성과 관리와 모니터링 등의 모든 과정에서 빅데이터·인공지능(AI)·사물인터넷(IoT) 등의 디지털 기술이 전반적으로 뒷받침돼야 하기 때문이다. 유럽에서는 이미 '디지털 없는 그린 경제로의 전환'은 불가능하다는 논의가 활발히 진행 중이다. 실제로 유럽연합(EU)에서는 디지털 기술을 잘 활용하면 2030년까지 글로벌 탄소 배출량을 지금의 5분의 1 수준으로 줄일 수 있다고 말하고 있다.

이와 같이 디지털 전환과 ESG(환경·사회·지배구조) 경영에 많은 기업이 필요성에 공감하지만, 두 분야 모두 전환 속도는 더딘 편이다. 일부 기업은 디지털 전환과 ESG 경영을 리스크로 보기도 한다. 전환 비용에 대한 부담 때문이다. 이런 가운데 디지털 전환과 ESG 경영을 결합하는 '트윈 트랜스포메이션(twin transformation)'에 주목할 수밖에 없는 이유를 전문가들은 디지털 전환과 ESG 경영의 결합은 당연한 수순이며 전략적 선택이라고 말한다. 탄소를 배출하지 않는 청정 디지털 기술 활용이 지속가능경영 추진의 핵심 요소가 될 수 있다는 설명이다.

ESG 경영을 추진하기 위해 가장 필요한 것은 기업 내 데이터 확보다. 기업 활동 전반에서 생산하는 데이터를 구조화하고 재구성해 비즈니스 전략에 녹이는 것이 우선되어야 ESG 정보 공시와 비즈니스 전환을 계획할 수 있다. 대기업은 협력사와 그룹사를 관리할 수 있는 체계를 만들고, 중견·중소기업은 그러한 관리 체계에서 자사 ESG 경영을 점검할 수 있는 생태계를 구축해야 한다.

글로벌 기업 중에서는 유니레버가 대표적 사례다. 유니레버는 팜유 공급망 관리를 위해 2020년 8월 인공위성과 GPS 기술을 활용해 데이터를 수집, 인도네시아 팜유 생산지를 모니터링하는 프로그램을 도입했다. 실시간 GPS 데이터 신호로 팜유 농장의 위치를 확인해 불법적 산림파괴를 방지하고 생산 현장의 사고를 관리할 수 있다. 기업의 큰 과제로 떠오른 공급망 리스크를 관리할 수 있는 해결책으로 디지털 전환을 활용한 것이다. 이를 통해 유니레버는 2020년 산림 벌채 제로화 목표를 달성했다.

기업의 사회적 책임을 강조하는 흐름은 어제오늘 얘기가 아니다. 코로나19는 이를 'ESG(환경·사회·지배구조)'라는 화두로 진화시켜 재계 커다란 변화를 불러일으켰다. 코로나19가 가져온 또 하나의 뉴노멀은 디지털 트랜스포메이션(DT·Digital Transformation) 강화다. 빅데이터 시대가 열리고 비대면 경제가 활성화하며 디지털의 중요성이 한층 높아진 결과다. 그렇다면 재계 핵심 화두인 ESG를 담아낸 디지털 트랜스포메이션이 가능할까라는 질문이 뒤따른다. 결국 ESG가 목적이라면 디지털 트랜스포메이션은 수단이라고 볼 수 있으며 유럽(EU)은 '그린 디지털 트랜스포메이션(Green and Digital Transformation)'을 선언하며 디지털 신기술을 활용한 친환경 움직임에 속도를 내고 있다는 점에서 알 수 있을 것이다. 이렇게 디지털 트랜스포메이션은 기술을 지렛대로 삼아 비즈니스의 근본적인 전환과 기존 사업과의 접목을 이뤄 내는 것으로 정의할 수 있겠다.[37]

---

[37] 명순영, "ESG와 DT의 융합…'트윈 트랜스포메이션'을 아시나요?" 김정욱 EY컨설팅 대표 인터뷰, 매일경제(매경ECONOMY), 2021.06.03., https://www.mk.co.kr/economy/view.php?sc=50000001&year=2021&no=537818

19
AI로 진화하는 ICT에서 기업의 지속가능성

 ESG의 개념 안에는 환경(Environment)·사회(Social)·지배구조(Governance)라는 단어가 들어가 있는데, 쉽게 말해 기업을 평가할 때 그 기업이 환경, 사회, 지배구조의 이슈에 얼마나 민감하게 대응하느냐를 보고 평가하고자 고안된 개념이 ESG다. 그래서 ESG는 기업의 '비재무적 요소'라고 설명하기도 하는데, 기업을 평가할 때 재무적인 요소인 '버는 돈'이나 '축적한 재산'만 가지고 기업을 평가하면 기업의 가치를 제대로 평가할 수 없다는 데서 나온 개념이라고 할 수 있다.

 사회가 진보할수록 기업의 사회적 책임(CSR, Corporate Social Responsibility)이나 지속가능경영(CSM, Corporate Sustainability Management)이 더욱 중시되고 있는 측면에서 보면, ESG는 새로운 개념이 아니다. 기업의 사회적 책임이나 지속가능경영을 위해 환경, 사회, 지배구조의 요소들을 더욱 고려해야 한다는 논의의 연장이기 때문이다. 하지만 기업이 이익에만 몰두하고 도덕적·윤리적으로 성숙하지 못한 상태로 성장할 경우 결국 가치가 없는 기업으로 전락할 것이라는 자각이 기업경영 분야의 보편적 인식으로 자리 잡고, 기업이 올바른 성장을 위해 신경 써야 할 분야가 환경·사회·지배구조라는 단어로 압축하여 확산한 데에 큰 의미가 있다고 본다.

그렇게 ICT 기업의 적극적인 ESG 대응 노력은 계속될 것이다. 국내외 주요 ICT 기업들의 ESG 보고서는 대개 사업 분야를 통해 자신만의 색깔을 드러내고 ESG 이슈에 대응할 명분을 도출하는 것으로 시작한다. ESG 이슈에 대응했다는, 혹은 대응하고자 노력할 업무 아이템들도 매우 선명하게 나열된다. 이 과정에서 멋진 언어적 표현과 명확한 숫자가 붙는다. 또한, 현재 주목해야 하는 ESG 이슈를 평가하고 관련한 기업의 위치와 상황을 자평하기도 한다.

기업이 ESG 보고서를 통해 밝히고 싶은 점은 명확하다. '우리 기업은 절대로 사악하지 않고 앞으로도 사악해지지 않을 것입니다.'이다. ICT 분야는 기술적인 진화가 빠르고 그에 맞춰 신생기업들도 많이 생겨나고 있다. 경쟁이 치열하고 잘못된 결정으로 한순간 큰 손해를 입을 수 있는 분야도 바로 ICT 분야이다. 따라서 ICT 기업들은 상황적 변수들을 줄이는 데 더 많이 노력해야 한다.

ICT 기업이 ESG 이슈에 잘 대응하면, 기업에 대한 사회적 인식이라는 변수를 통제하는 데 큰 도움을 얻을 수 있다. 기업에 대한 사회적 인식이라는 것은 결국 홍보·마케팅과 연결되어 있고 아울러 규제에도 영향을 미치니 기업에 중대한 사안이다. ESG가 단순한 바람이 아니라 하나의 흐름인 이유가 여기에 있다. 'ESG 이슈에 잘 대응하고 있으니, 믿고 투자해 주세요.'라고 기업들은 계속 말할 것이다.[38]

한편 국내 정보통신기술(ICT)업계에서도 세계적인 ESG(환경·사회·지배구조) 흐름을 타고 ESG 경영에 시동을 걸었다. 기업의 비재무적 요소인 환경·사회·지배구조를 뜻하는 말인 ESG 바람이 국내 ICT업계에도 불고 있다. 세계 금융투자시장에서 기업의 재무적 성과만을 판단하던 전통적 방식과 달리, 장기적 관점에서 기업 가치와 지속가능성에 영향을 주는 ESG 등의 비재무적 요소를 충분히 반영해 평가하고 있다. 지속가능한 발전을 위한 기업과 투자자의 사회적 책임이 중요해지면서 세계적으로 많은 금융기관이 ESG 평가 정보를 활용하고 있다. 지난 2000년 영국을 시작으로 스웨덴, 독일, 캐나다, 벨기에, 프랑스 등 여러 나라에서 연기금을 중심으로 ESG 정보 공시 의무 제도를 도입하고 있다. ESG의 평가기준은 각 부문별 특성을 고려해 다양한 요소들이 고려되고 있다. 환경 이슈를 평가하는 기준에는 기후변화 및 탄소배출, 대기 및 수질오염, 생물의 다양성, 삼림 벌채, 에너지 효율 등이 있다. 사회 이슈를 평가하는 기준에는 고객만족 데이터 보호 및 프라이버시, 성별 및 다양성, 직원 참여, 인권, 노동기준 등이 있다. 지배구조 이슈를

---

[38] HIIC, "[Vol.11] ICT 기업들이 추진하는 ESG, 그들은 다르다", HIIC, 2021.12.08., https://www.hiic.re.kr/vol-11-ict-%EA%B8%B0%EC%97%85%EB%93%A4%EC%9D%B4-%EC%B6%94%EC%A7%84%ED%95%98%EB%8A%94-esg-%EA%B7%B8%EB%93%A4%EC%9D%80-%EB%8B%A4%EB%A5%B4%EB%8B%A4/, (In KISA Report)

평가하는 기준에는 이사회 구성, 감사위원회 구조, 뇌물 및 부패, 내부 고발자 제도 등이 있다. ESG가 주목받는 이유는 표면적으로 기후 변화와 지속 가능 경영, 상생 등에 대한 관심이 부상했기 때문이다.

 외부적으로 '바이든 시대'의 개막과 더불어 국내적으로 한국판 뉴딜의 추진이 기업의 ESG 경영과 무관하지 않다는 분석이 나온다. 글로벌 기업들은 최신 ICT를 기업의 비즈니스에 접목해 기업이 직면한 이슈와 사회 환경 문제를 동시에 해결하고 있다. 또 데이터센터, 클라우드 인프라, 사이버보안 등 ICT 시장을 이루는 각 단위분야에서도 ESG에 대한 관심이 높다. 국내 통신서비스 사업자들은 ESG경영 실천을 위해 협력사 금융 지원, 판로 확보, 정보 공유, 투자 확대, 일자리 창출 등 상생활동을 강화하고 있다. 또 국내 게임업계도 ESG 경영에 시동을 걸었다. 엔씨소프트는 ESG 경영위원회를 신설하였고 펄어비스는 ESG 경영 전담 TF 조직을 신설했다. 컴투스·게임빌은 2021년 7월 ESG 위원회를 신설했다. 네이버와 카카오 등 플랫폼 사업자도 사업 범위가 점차 넓어짐에 따라 기업의 사회적 책임을 확대하고 있다.[39]

---

[39] 박효길, "[ICT업계 ESG 바람] ICT업계, ESG 대세 흐름 탄다", 매일일보, 2021.06.22., https://www.m-i.kr/news/articleView.html?idxno=839372

20
미래의 새로운 에너지원을 찾는 AI

아마존 물류센터엔 이미 사물인터넷(IoT) 기반 로봇 20만 대가 움직이고 있다. 초연결 사회에서 로봇의 패러다임은 인공지능(AI)과 클라우드를 기반 삼아 빠르게 변화하고 있는 것이다. 또한 발전량 유지에 필수적인 '기저전력' 30%는 원자력발전이 담당하고 원전의 빈자리를 재생에너지와 AI의 결합이 대체할 수 있다. 지능형 로봇이 공장을 넘어 의료와 국방 분야에 진출하고, 소프트웨어(SW) 플랫폼이 친환경 에너지를 통합 관리해 비용을 절약한다. AI 활용 투자로 새로운 비즈니스를 창출하자는 시선이 늘어가고 있다. 산업용 로봇 시장규모는 세계적으로 160억 달러(약 19조 원)를 넘어섰고 전체 로봇 시장의 7.2%에 불과하던 서비스 로봇도 파이를 키우고 있다. 로봇 업체들의 글로벌 주도권도 산쿄·덴소 등 일본 하드웨어 업체들에서 AI·SW 기업으로 바뀌고 있다는 것이다. 하드웨어 상품이 아닌, 서비스형로봇(RaaS)이 대세로 자리할 가능성이 크기 때문이다.

에너지산업 변화상에도 AI 역할은 갈수록 커지고 있다. 에너지 SW 업체 인코어드테크놀로지스 측에서는 전력은 태양광·배터리·전기자동차 등 분산된 발전 자원이 늘어나면서 에너지 클라우드 기반 지능형 관리 플랫폼의 필요성이 커지고 있다고 강조하였다. 풍력·태양광 등 전력 체계가 갈수록 다양해지는 가운데 전력 품질 및 수급 불균형, 주파수 교란 문제를 AI가 해결할 수 있다는 것이다. 단방향 에너지 시스템에선 없었던 새로운 비즈니스다. 그러나 원자력발전 대체도 AI 기반 전력 최적화가 없다면 쉽지 않을 것이라는 지적도 있었다.

국내 산업의 뿌리 역할을 하는 중소기업을 위한 제언도 이어졌다. 생산 체계를 전문가 직관에 의존하는 중소기업도 AI와 '디지털트윈'을 활용하면 시공간을 확장할 수 있다는 의견과. 가상세계인 디지털트윈에서 시뮬레이션 횟수를 늘리고, '강화학습'을 기반으로 판단력을 고도화하면 가능해진다는 것을 예측하기도 하였다. 이렇듯 온실가스 저감 및 미세먼지 해결 등 기후변화 대응을 위한 다양한 노력이 이뤄지고 있는 가운데 친환경 에너지로의 전환이 빠른 속도로 이뤄지고 있다. 더불어 4차 산업혁명 기술이 적용돼 에너지 시장의 패러다임은 이제 새로운 시대를 예고하며 지능형전력망 기반 새로운 사업모델 활성화되는 추세이다.

전 세계적으로 신재생에너지, ESS, 전기차를 비롯해 분산전원이 확대되고 전력망에 정보통신기술, 인공지능, 빅데이터 기술이 융합되면서 지능형전력망을 기반으로 한 새로운 사업모델이 활성화되는 추세다. 이렇게 촉발되는 비즈니스 모델의 등장은 투자 기회의 확대와 함께 기업에게는 새로운 도전적 과제가 되고 있다. 정부는 미래 스마트그리드 확산에 대비해 송배전망, 변전소 등 전력망의 ICT 인프라 확충에 2조 5,000억 원을 투자할 계획을 밝혔다. 인공지능, 블록체인 등 요소기술을 활용한 기술개발 등에도 5년간 4,000억 원을 지원하고, 2020년까지 개별기기와 전력망과의 상호운용을 위한 표준화 로드맵 개정을 추진한다는 내용을 담고 있다. 인공지능 등 4차 산업혁명 기술이 적용돼 에너지 시장의 패러다임은 이제 새로운 시대를 예고하는 증거이다. 또한, DR사업 및 전력중개사업 표준약관을 제정하는 등 소비자 권리를 보호하기 위한 제도적 장치를 마련하고 전력망 운영기술, 서비스 개발 부문을 중심으로 연구인력 양성에도 집중할 것으로 파악된다. 특히, 인공지능(AI) 기술을 활용한 에너지 효율화 및 기존 시스템 연계, 에너지 진단-예측-최적제어 등의 솔루션이 시장에 소개되며 미래 에너지 산업의 밑그림을 그리고 있다. 예를 들어, AI를 빌딩·공장관리에 적용해 에너지소비 패턴을 분석하고 시간대별 에너지 관리를 통해 에너지 효율 및 생산성과 안정성을 제고한다. 더불어 산업용 에너지는 계절과 특정 시간대에 따라 전기요금 차이가 발생하므로 이를 AI로 분석해 시간대에 따라 에너지 사용량을 제어한다. 이에 최근 IEA에서는 AI의 진보가 산업계의 에너지 사용량을 10% 가량 감축할 것으로 기대했다.

한국에너지공단은 AI 기술을 활용한 에너지 효율화 실현 사례와 함께 AI와 기존 시스템과의 연계 및 정부지원 필요성을 강조하는 보고 자료를 발표했다. IT 기업들을 중심으로 활발하게 AI 기술이 접목되고 있는데 구글이 인수한 영국 AI 개발사인 딥마인드(DeepMind)는 2016

년 AI를 통해 구글 데이터센터의 냉각 전력사용료 40%를 절감시켰다. 이 딥마인드는 센서에서 수집한 데이터센터의 온도와 전력, 냉각수 유속 등의 데이터를 AI를 통해 분석해 효율성을 끌어올렸고, 이를 통해 냉각 시스템 소비 전력을 40% 줄이는 데 성공했다. 또한, 인터넷 데이터센터를 효율적으로 운영하기 위한 전력 사용 지표인 PUE(Power Usage Effectiveness) 15% 개선했다.

IBM 연구소는 2013년 미국 정부의 지원을 받아 AI인 '왓슨(Watson)'을 개발하고 이를 재생에너지 분야에 적용해 에너지 효율을 향상시켰다. IBM은 기상정보 업체 웨더컴퍼니를 인수해 날씨에 AI 왓슨을 적용하고, 15분마다 약 22억 개의 예측 시나리오와 162개의 기후모델을 예측했다. 이 솔루션은 일사량, 풍속, 온도 등을 예측하며 재생에너지 가용범위, 발전기 가동여부를 판단해 전력 에너지 생산 효율을 향상시킨다.

국내 기업인 KT는 2017년 AI 기반의 빅데이터 분석 엔진인 'E-Brain' 에너지관리 플랫폼을 출시해 에너지 소비·생산을 실시간 분석 및 예측하는 솔루션을 공개했다. KT는 전국 1만 1,000여 곳의 에너지 생산·소비·거래 상황을 실시간 관제하며 E-Brain이 분석하는 에너지 진단-예측-최적제어의 3단 메커니즘을 제공한다. 이를 통해 공장, 대형건물, 아파트 등의 에너지 빅데이터를 해석하고 에너지 과소비 요인의 솔루션을 제공하며 설비 최적 운전제어를 통해 에너지를 절감하게 된다.

이렇듯 현재 세계 IT기업들은 AI 기술을 바탕으로 에너지 소비패턴을 실시간 분석·제어해 최적화된 에너지 효율 솔루션을 적용하는 추세이다. 반면, 국내 AI 기술은 시작 단계이고 일부 기업과 연구소를 중심으로 개발이 진행 중이나 해외 시장에 비교하면 미약한 수준이라 에너지 산업에서 AI 기술과 기존 전력시스템의 통합이 주요 과제로 대두되고 있어 관련 산업을 중심으로 아직은 정부의 집중지원이 필요하다고도 볼 수 있다. 또한 비하인드-더-미터 시장의 근간을 이루는 ESS, 태양광 등의 자원은 예전처럼 하나의 발전소에 모여 있는 게 아니라 도처에 분산돼 있다. 날씨나 운용환경이 저마다 다르기 때문에 빅데이터와 AI 등의 기술을 활용한 예측 시스템과 이를 기반으로 한 전력의 운용이 매우 중요하기 때문이다. 이렇게 데이터화된 에너지는 마치 인터넷 서비스와 유사한 방식으로 공유되고 새로운 서비스와 만나 얼마든지 확장될 수 있다. 결국 4차 산업혁명의 핵심 기술인 AI는 에너지 산업에서 혁신을 일으킬 것이다, 데이터와 알고리즘을 기반으로 운영 상태를 지속적으로 최적화해 전력망에서의 결함을 정확히 예측할 수 있게 될 것이며 다양한 에너지 패러다임의 변화를 겪게 될 것이다.[40]

---

40 이건오, "4차 산업혁명 핵심 '인공지능', 에너지산업 혁신 일으킬 것", 인더스트리 뉴스, 2019.03.24., https://www.industrynews.co.kr/news/articleView.html?idxno=29915

21
디지털 기술로 예방하는 중대재해처벌

건설 현장이나 공장 등에서 안전·보건 조치 의무를 어겨 인명 피해가 발생했을 때 경영책임자·사업주를 처벌하는 '중대재해처벌법'이 오는 27일 시행된다. 사업주와 경영책임자들은 법 시행에 대비해 관련 부서 설립과 더불어 작업장에 인공지능(AI)·로봇 등 최신 정보통신기술(ICT)을 동원한 현장·안전관리 시스템 도입을 서두르고 있다. 실제 산업 현장에서 사람의 힘만으로 부족한 안전 관리·감독 수준을 높이기 위한 조처다. 하지만 정작 정부에선 인명사고 발생에 따른 사업주 책임 소재 판단에 이런 요소를 고려할 뜻은 없어 보여 기업들의 노력을 헛수고로 만들고 있다는 우려의 목소리도 나오고 있다.

산업 현장, ICT 기반 안전관리 시스템 도입 확산

ICT(Information & Communication Technology)란 정보 통신 기술의 약자로서 흔히 알고 있는 정보기술(Information

Technology, IT)에 첨단 기술이 더해진 패러다임의 변화를 반영한 명칭이다. IT가 인터넷, 무선통신, 휴대전화 등의 기술이나 프로그램 등을 총칭하였다면 ICT는 기존의 정보 기술인 IT와 Communication이 결합한 융복합 컨버전스 산업과 기술을 뜻한다.

'점검 및 정밀안전진단 세부지침'을 준수한 정밀점검 또는 안전진단 관리가 될 수 있도록 하기 위한 구조물의 건전도 모니터링(Health Monitoring System, HMS)을 위하여 필요한 정보를 다양한 ICT 기술을 통하여 수집해야 한다. 기술이 발전함에 따라 기존의 구조 건전성 모니터링 기술도 스마트 시설물 안전관리로 발전해 간다고 할 수 있다.

스마트폰의 보급과 활성화를 통해 콘텐츠, 디바이스, 네트워크, 플랫폼으로 ICT 생태계가 형성되기 시작하면서 기술이 발전해 나갔고, 이후 빅데이터, 인공지능, 지능형 로봇 등 첨단 기술로 범위가 확장되고 있다. ICT로 일컬어지는 기술을 통해 지능형 시스템을 구성하기 위한 핵심기술에는 IoT, 빅데이터, 인공지능, 지능형 CCTV, 드론, 로봇이 있다.

6대 중대재해[41] 예방을 위한 산업안전 DX 솔루션(예시)

	핵심 기능
지능형 CCTV (VMS 통합 관제)	CCTV 통합 모니터링, 영상 분석(얼굴 인식, 쓰러짐, 침입/이탈, 안전장구 미착용 등)
가상펜스 (3D 라이다 기반)	위험지역에 가상펜스를 설치해 작업자 진입 시 경보 또는 공정 중지
유해가스 복합 관제	AI 기반 실내외 지능형 환경 플랫폼 구현, 안전하고 쾌적한 작업환경 제공
화재 예방 솔루션 (Safe Mate)	불꽃, 온도, 연기 복합화재 센서를 통해 화재 조기 감지 및 소방서 연계 조기 진압
위치 측위 서비스 (UWB/BLE 기반)	작업자의 작업구역/이동경로/출입 등 관리, 쓰러짐 감지/SOS 호출
웨어러블 안전장비	안전고리, 심박수 밴드, 유독가스 측정기로 중대재해 방지, 응급 시 골든타임 확보
작업자 착용형 카메라 (바디캠)	LTE통신 기반으로 스마트폰, PC와 실시간 커뮤니케이션, 촬영된 영상 일괄 저장
중장비 접근 감지 솔루션	지게차, 굴착기 등 접근 시 경보 송출(중장비 사이렌, 상황판 알림, 안전모 알림)

자료: KT

안전 및 위험 관리를 수행하는 산업 분야에서는 개별 기술을 활용하거나 융복합된 형태의 기술을 적용하여 각종 재난, 위험, 안전에 대한 인적·물적 피해를 최소화할 수 있는 ICT 기반의 지능형 안전관리 시스템을 구현할 수 있다. 시설물 안전을 위한 구조 건전성 모니터링에도 ICT 기술을 융합하여 지능형 스마트안전관리를 수행할 수 있다.

---

41 6대 중대재해는 화재/폭발, 질식, 끼임/깔림, 무너짐/떨어짐, 부딪힘/맞음, 넘어짐

ICT 기술의 비약적인 발전으로 IoT 기술뿐만 아니라 빅데이터, 인공지능, 지능형 CCTV, 재난 구조 로봇, 드론 등 다양한 첨단 기술을 시설물 안전진단을 수행하기 위한 효율적인 도구로 활용할 수 있게 되었다. 기존의 구조 건전성 모니터링 방식은 일반적인 센서 모니터링 기술과 단순한 데이터 분석 기술만 적용되어 왔다. 그러나 앞으로는 훨씬 더 많은 수집 정보와 계측 정보를 기반으로 빅데이터 분석과 인공지능 알고리즘 분석을 통해 시설물의 안전 위험을 예측하고 예방할 수 있다.

산업계에서도 작업장 내 사망사고나 반복적인 중대상해사고 발생의 책임이 인정된 사업주를 징역·벌금형에 처하는 중대재해처벌법 시행이 임박하면서 안전 확보 예방 조치에 나선 국내 작업장에 최신 ICT 기반 현장·안전관리 시스템 도입이 확산하는 추세다. 건설·제조업에 기반을 둔 대기업의 시스템통합(SI) 계열사나 ICT 기업들이 수개월 전부터 이 사업을 활발히 벌이고 있다.

현대엔지니어링이 진주에서 금형일반산업단지를 조성하고 있는 현장 곳곳에 '장비접근경보시스템'을 설치한 것도 ICT 기반 안전관리 시스템을 도입한 것이라고 볼 수 있다. 근로자가 건설장비 작업 반경에 진입하면 요란한 경고 알람이 울리게 되는 것이다. 국내 모든 현장에 적용한 것은 업계 최초이다. 이 시스템은 건설장비와 첨단IT가 결합한 신개념 안전관리기법으로, 건설 장비에 설치한 '전자태그 수신기'와 작업자의 안전모에 부착한 '전자태그 스티커'가 양방향 무선통신을 하면서, 상호간 거리가 7.5m 이하로 좁혀지면 즉시 경고 알람을 발생시키는 것이다. 이를 통해 건설장비 사용 시 배치되는 신호수와 함께 이중으로 안전관리를 강화할 수 있게 됐다.

또한 이어 최근 포스코ICT는 인천공항 제2여객터미널 수하물관리시스템 확장공사 현장과 경기도청이 추진하는 건설 현장에 AI·사물인터넷(IoT) 기술을 활용한 안전관리와 스마트CCTV를 통한 침입·방화 탐지를 지원하는 스마트 현장관리시스템을 적용했다. GS ITM은 수천 대의 산업현장 CCTV 영상을 분석해 작업자의 안전장비 미착용이나 위험설비 접근 등 위험 상황과 외부인의 침입을 알려 주는 솔루션을 선보였다.[42] 현장 곳곳에 있는 위험 요소들을 통합 관리함으로써 안전사고를 줄이고 전반적인 공정 및 품질의 관리 수준을 높이는 결과를 낳게 되는 것이다. 또한 안전관리 기능 외에도 공정관리, 환경관리, 준공관리, 품질관리 등과 같이 현장에서 필수적으로 수행해야 할, 동시에 다른 성격을 가진 업무들을 하나의 시스템으로 통합한 것이 특징이다. 클라우드 기반으로 서비스를 제공하며 지역별 현장으로 확산하기에 유리하고 현재 대규모 사업 현장을 대상으로 적용을 확대하고 있는 추세이다.

---

42 임민철, "중대재해법 앞둔 기업들, AI·로봇으로 안전 감시망 가동... '책임 면할 순 없어'", 아주경제, 2022.01.04., https://www.ajunews.com/view/20220104145903601

22
새로운 기회의 시대

　아직 기업인들에게 트윈 트랜스포메이션은 낯선 개념이다. ESG나 디지털 전환이라는 개념을 받아들이기 시작한 것은 최근의 일이다. 아직은 이 둘을 각기 다른 개념으로 바라보고 접근하는 곳이 훨씬 많다. 대부분의 기업들은 현재까지 ESG 경영을 '리스크 관리' 차원에서만 다루고 있다고 언급한 바와 같이, 팬데믹 이후 ESG와 관련한 사회적 압력이 거세지면서 이에 대응하는 게 최우선일 수밖에 없었다. 물론 그 와중에도 대기업 중에는 탄소 저감과 같은 측면에서 진전을 보이고 있는 기업들도 적지 않다. 다만, 아직 한국 기업들은 디지털과 ESG의 융합을 통한 '새로운 기회 창출'이라는 측면에서는 소극적인 태도를 보인다. 글로벌 시장에서 한국 기업들의 경쟁력을 강화하기 위해서는 보다 공격적으로 시장을 발굴하고 개척해 나가는 '관점의 변화'가 중요한 때이다. 그것이 바로 한국 기업들은 디지털과 ESG의 융합을 어떻게 받아들이냐에 따라 새로운 기회 창출이 탄생할 가능성이 생긴다.

물론 한국에도 디지털을 통한 새로운 시장 창출에 적극적인 기업들이 많다. ESG는 한때의 열풍에 그치지 않을 것이기 때문이다. 글로벌 경쟁에서 살아남기 위해 ESG는 '하면 더 좋은 것(nice to have)'이 아니라 생존을 위한 문제가 되고 있다. 당장 ESG와 관련한 규제들이 강화되고 사회적 압력이 거세지면서 ESG는 기업들의 가장 치명적인 리스크가 됐다는 말이 된다. ESG 전환에 따른 리스크가 커질수록 기업들에 '더 큰 기회의 장'이 될 가능성이 높아지고 있다. 디지털 전환을 중심으로 하는 기업들도 이와 같은 관점에서는 '새로운 시장'을 고민할 때 ESG와 관련한 요소를 고려하지 않을 수 없는 것이다. 트윈 트랜스포메이션의 핵심은 결국 새롭게 열리는 '저탄소 경제' 혹은 '그린 경제' 시장에서 누가 먼저 기회를 포착하고 시장을 주도하는가에 달렸다고 해도 과언이 아니다.

실제로 '세계 가전 전시회(CES) 2022'에서 글로벌 빅테크 기업들이 가장 관심을 기울인 혁신 분야는 바로 ESG였다. 세계 최대 자동차 부품 업체 보쉬는 CES에서 '가정에서 산업까지 친환경적 미래를 위한 탄소 중립'이라는 슬로건을 내걸었다. 보쉬의 신제품 중 눈에 띄는 게 있는데 산불이 났을 때 이를 조기에 발견할 수 있는 최첨단 기술 제품이다. 기후 변화로 인해 최근 전 세계적으로 산불이 많이 발생하고 있는데 착안한 것이다. 더욱이 산불이 한 번 나면 며칠 혹은 몇 달 동안 지속되며 큰 피해를 보는 것은 사실이다. 이 때문에 산불이 났을 때 '초기 대응'이 점점 중요해지고 있는데 인공지능(AI) 기술을 활용한 기기를 나무에 부착해 주변 습도와 온도 변화 등을 관측해 산불의 발생 여부를 잡아내는 것이 그 원리이다. 당연히 지구의 삼림을 보호한다는 관점에서 이는 탄소 배출 관리는 물론 환경적으로 매우 중요한 산업임에는 틀림없어 보인다. 이렇듯 ESG가 점점 더 강조되고 있는 경영 환경에서 '자동차 부품'이라는 옛 사업 모델로는 생존하기 어렵다고 판단한 기업이 자신들의 비즈니스 모델을 완전히 전환하고 삼성이나 LG와 같은 테크 기업들의 경쟁자로 그야말로 '트랜스포메이션' 하는 것이다.

사실 ESG가 강조되기 전에도 기업들의 사회적 책임(CSR)에 대한 논의가 활발했다. CSR은 기업들의 사회적 '책임'을 강조하는 개념이라고 볼 수 있다. 이와 비교해 ESG는 금융 시장에서 먼저 강조하기 시작한 개념이다. 기존의 투자자들은 '수익이 높은' 기업에 투자를 우선해왔다. 그런데 금융 위기 이후 팬데믹을 겪으면서 투자자들의 기준이 달라진 것이다. '당장의 수익'이 중요한 게 아니라 '결국 시장에서 살아남을 수 있는' 기업에 투자하는 게 중요해진 것이다. 그런 관점에서 ESG는 CSR과 비슷해 보이지만 동력 자체가 다르다고 볼 수 있다. CSR이 기업의 책임감을 동력으로 삼는다면 ESG는 말 그대로 '자본의 논리'에 의해 움직인다. 이 때문에 CSR과 비교해 추진력이 훨씬 클 수밖에 없다. 기업들로서는 훨씬 더 큰 압박을 받는 것이고 그만큼 위험 부담도, 기회 요인도 크다고 본다. 그러다 보니 CSR에서는 디지털 기술과의 융합이 '선택'의 문제였다면 ESG에서는 디지털 기술과의 융합이 '필수 전략'으로 여겨질 수밖에 없다. 이것이 바로 ESG와 CSR은 다른 점이다.

관건은 디지털과 ESG의 융합을 어떻게 이루는가이다. 트윈 트랜스포메이션은 모두의 참여가 필요하다. 한국 기업들의 ESG에 대한 이해는 무척 높아졌다. 하지만 이를 위한 디지털 전환 측면에서는 이해도가 높지 않다. 반대로 테크 기업들은 디지털과 관련해선 전문가 집단으로 이루어져 있다. 하지만 이들은 새로운 시장을 발굴하는 과정에서 ESG에 대한 이해가 약할 수 있다. 디지털과 ESG의 융합을 통해 시너지를 일으키기 위해서는 각각 부족한 점을 채워 줄 수 있는 좋은 파트너들과 협력할 필요가 있다는 것이다. 특히 2023년은 한국 기업들이 ESG 경영에 무척 중요한 시기이다. ESG 2.0의 관점에서 본격적으로 ESG 경영 목표를 달성하기 위한 '이행 단계'에 돌입하고 나아가 '새로운 시장'을 발굴할 수 있는 가능성이 열리는 시기이기 때문이다. 이미 글로벌 기업들은 이 분야에서 상당히 앞서가고 있고 많은 고민과 투자가 이뤄지고 있다. 한국 기업들이 여기에서 잠깐 주춤거린다면 앞으로의 경쟁에서 따라잡기가 더 힘들어질 수 있다. 기업 경영 관점에서 디지털과 ESG의 융합을 보다 적극적으로 고려할 필요가 있다.